상상을 세상으로 꺼내는 마법의 주문

# 코드위즈 AI 프로그래밍

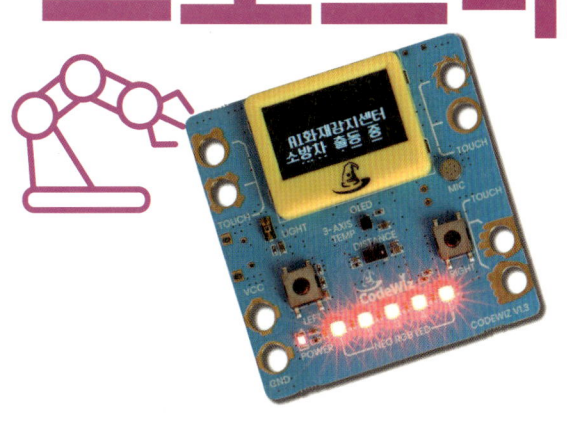

# 코드위즈 AI 프로그래밍

## 저자 소개

홍지연

- 현 초등학교 교사
- 현 초등컴퓨팅교사협회 연구개발팀장
- 현 교육부 SW 및 AI 교육 집필진 및 강사
- 현 EBS 이솦 SW교육 및 AI 교육 집필진 및 강사
- 한국교원대학교 대학원 초등 컴퓨터 교육 박사수료

### 저서
- 인공지능, 엔트리를 만나다 외(영진닷컴)
- WHY? 코딩 워크북 (예림당)
- 코딩과학동화 시리즈 〈팜〉 시리즈, 길벗
- 소프트웨어 수업백과 (상상박물관)
- HELLO! EBS 소프트웨어 (EBS) 외 다수

## 코딩스쿨 시리즈란?

코딩을 처음으로 접하는 학생이 알아야 할 알고리즘부터 하드웨어의 원리를 깨치는 피지컬 컴퓨팅, 데이터 과학과 인공지능에 이르기까지 미래 사회에 필요하다고 생각되는 컴퓨팅 사고력과 문제 해결력, 인공지능 소양을 키우고자 기획된 초등학생을 위한 코딩 교재입니다. 교재에 대한 자세한 내용은 홈페이지를 참조해 주세요.

홈페이지 주소 : http://itbook.kyohak.co.kr/coding/

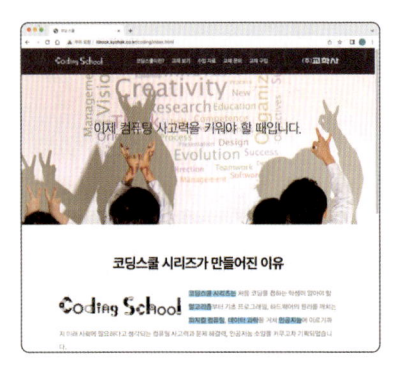

# 코드위즈가 뭔가요?

코드위즈는 상상하는 무엇이든 만들 수 있는 코딩 마법사입니다. 코딩을 통해 원하는 무엇이든 만들 수 있도록 다양한 기능이 탑재되어 있습니다. 코드위즈는 인공지능·사물인터넷·메이커·융합교과·발명 등 다양한 분야에 활용할 수 있도록 가장 폭넓은 기능을 제공하는 피지컬컴퓨팅 보드로 스크래치, 엔트리, 파이썬, C 코딩 환경을 모두 지원합니다.

코드위즈는 와이파이, 블루투스가 기본적으로 탑재되어 있으며 한글·영어·숫자·특수문자를 표현할 수 있는 OLED 화면, 빛 센서, 소리 센서, 3축 기울기 센서, 거리 센서, 두 개의 버튼, 5개의 네오픽셀, 스피커, 6개의 터치 센서가 내장되어 있습니다. 또한 외부 센서를 쉽게 연결할 수 있는 SCON, MCON 커넥터를 제공합니다.

코드위즈의 와이파이는 스마트폰과 테더링을 통해 제어할 수도 있으며 인터넷에서 시간을 가져와 OLED에 표시할 수도 있습니다. 코드위즈 와이파이의 가장 강력한 점은 코드위즈 간에 와이파이를 통해 메시 네트워크를 구성할 수 있다는 점입니다. 메시 네트워크 기능은 코드위즈간 와이파이 통신을 그룹별로 할 수 있는 강력한 기능도 제공합니다.

코드위즈의 강력한 확장성으로 사람이 타는 자동차를 만들고 하늘을 나는 물고기도 만들 수 있으며 AI 축구 로봇을 만들 수도 있습니다. 코더블의 유튜브 채널을 통해 코드위즈의 다양한 아이디어를 얻어보세요.(https://www.youtube.com/codable)

코드위즈를 통해 여러분도 코딩 마법사가 될 수 있어요!!

# 부록 다운로드 및 사용법

본 교재는 코드위즈를 이용해 인공지능 장치를 만드는 것을 학습합니다. 인공지능 장치를 만들기 위해서는 인공지능 모델을 학습시켜야 하는데, 여기에는 필요한 그림 이미지가 많이 필요하게 됩니다. 인공지능 모델 학습을 위해서는 사용되는 데이터를 '데이터셋'이라고 합니다. 본 교재의 학습을 위해서 사용되는 데이터셋은 아래의 누리집에서 다운로드하여 압축을 해제하면 됩니다.

http://itbook.kyohak.co.kr/coding/codewiz/

# 머리말

IoT란 사물인터넷(Internet of Things)의 약자로 각종 사물에 센서와 통신 기능을 내장하여 인터넷에 연결하는 기술을 의미합니다. 예를 들어 빛 센서가 빛을 감지해 자동으로 켜거나 끌 수 있는 LED 전등, 토양의 수분 정도를 측정해 자동으로 물을 주는 화분과 같은 장치를 스마트폰을 활용해 실시간으로 모니터링하고, 필요에 따라 원격으로 제어할 수 있는 사물이나 시스템을 IoT 기술을 활용한 사례라고 볼 수 있습니다. 최근에는 이런 IoT 기기에 AI 기술이 접목되면서 '지능형 IoT'로 발전하고 있습니다. 인터넷과 사물이 연결되는 단계인 '연결형 IoT'를 벗어나 사물이 직접 데이터를 분석하고 지능적 행위를 취하는 단계인 '지능형 IoT'로 진화하고 있는 것입니다. IoT 기기에 AI가 접목되었다는 것은 사물이 사람처럼 결정을 내리고 일을 수행할 수 있게 되었다는 것입니다.

코딩스쿨 시리즈는 처음 코딩을 접하는 학생이 알아야 할 알고리즘부터 기초 프로그래밍, 피지컬 컴퓨팅을 거쳐 인공지능 교육에 이르기까지 미래사회에 필요하다고 생각되는 컴퓨팅 사고력과 문제해결력, 인공지능 소양을 키우고자 기획되었습니다. 그중에서도 코딩스쿨 〈코드위즈 AI 프로그래밍〉은 AI, IoT, 메이커, SW 교육까지 모두 가능한 올인원 보드인 코드위즈를 활용해 AI 프로그램을 만들어 보면서 문제 해결력을 키우고자 합니다. 즉, 코드위즈를 활용해 AI 프로그램을 코딩하면서 지능형 IoT 기기를 구현해 보고자 한 것입니다. 자신이 만든 AI 프로그램이 실물 장치를 제어하는 경험을 통해 실생활 속에서 지능형 IoT 기기가 인간의 삶에 어떤 도움을 줄 수 있는지 알도록 하였습니다.

코딩스쿨 〈코드위즈 AI 프로그래밍〉을 활용하면 음성인식 기술을 활용해 무대의 분위기를 자유자재로 바꿀 수 있고, 컴퓨터와 펼친 가위바위보 게임의 결과를 OLED 창으로 확인할 수 있습니다. 얼굴인식 기술을 활용해 친구를 찾아보고, 친구를 찾았을 때 또는 친구를 찾지 못했을 때의

마음을 표현해 볼 수도 있습니다. 또 사물인식 기술을 활용하면 화면에 비친 사물이 무엇인지 알고, 그 사물의 이름을 영어로 번역한 결과도 확인할 수 있습니다.

여기서 끝일까요? 얼굴의 표정을 통해 사람의 감정을 판단해 슬퍼할 때는 위로의 말을, 행복해 할 때는 함께 행복해하는 장치도 구현해 볼 수 있습니다. 동작인식 기술을 활용하면 화면에 보이는 동작을 그대로 따라하고, 제대로 동작을 따라했을 때 점수를 얻는 재미있는 프로그램도 만들 수 있습니다. 이때 코드위즈를 활용해 획득한 점수도 손쉽게 확인 가능합니다. 또한 컬러톤을 학습한 인공지능 모델을 통해 자신이 입은 옷의 색깔로 어떤 계절과 어울리는 컬러인지를 알려주는 프로그램도 만들어 볼 수 있습니다.

TV 뉴스 등에서 쓰레기 분리 배출을 도와주는 인공지능 로봇에 대한 이야기를 본 적이 있나요? 코드위즈를 활용하면 이와 같은 장치 구현도 가능합니다. 라벨이 있는 페트병과 라벨이 없는 페트병을 분류할 수 있는 AI 프로그램으로 라벨이 없을 경우 분리배출이 가능함을 알려 지구 환경을 지키는 뜻깊은 프로그램도 만들 수 있다는 의미입니다. 또 화재가 발생했을 때 이를 AI가 감지하고 코드위즈의 터치 센서로 불을 끌 수 있도록 하는 장치 역시 만들어 볼 수 있습니다. 생각만 해도 설레지 않나요? AI 프로그램에 보드 하나 연결했을 뿐인데, 이렇게 다양한 용도로 실생활 속 편리함을 더해주는 지능형 IoT 기기 구현이 가능해집니다. 이렇듯 코딩스쿨 〈코드위즈 AI 프로그래밍〉은 학생들이 지능 정보사회를 살아가는데 필요한 역량을 키울 수 있도록 다양한 실습 활동으로 이루어져 있습니다. 하나씩 프로그램을 완성해 가면서 신나고 재미있는 인공지능의 세계로 빠져봅시다.

저자 홍지연

# 차례

## 1. 코드위즈를 알아보아요 ········································································· 10
무엇을 배울까? ························································································· 10
코드위즈 보드 알아보기 ············································································· 12
코드위즈 센서 알아보기 ············································································· 13
코드위즈와 엔트리 연결하기 ······································································· 13
읽을거리 ·································································································· 17

## 2. 음성으로 무대의 분위기를 바꿔요 ······················································ 18
무엇을 배울까? ························································································· 18
필요한 오브젝트 추가하기 ·········································································· 20
음성 인식으로 무대를 바꾸는 장치 만들기 ···················································· 22
도전하기 ·································································································· 26
읽을거리 ·································································································· 27

## 3. 가위바위보의 우승자는 누구? ······························································ 28
무엇을 배울까? ························································································· 28
필요한 오브젝트 추가하기 ·········································································· 30
가위바위보 승자 알림 장치 만들기 ······························································ 33
도전하기 ·································································································· 38
읽을거리 ·································································································· 39

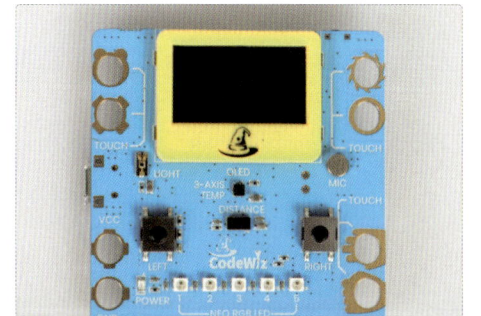

## 4. 나랑 친구할래? ......................................................... 40

    무엇을 배울까? ............................................................. 40

    필요한 오브젝트 추가하기 ............................................. 42

    얼굴 인식해서 친구 사귀는 장치 만들기 ..................... 43

    도전하기 ......................................................................... 48

    읽을거리 ......................................................................... 49

## 5. 스마트 코드위즈 영어사전 ................................. 50

    무엇을 배울까? ............................................................. 50

    필요한 오브젝트 추가하기 ............................................. 52

    사물 인식해서 번역해 주는 장치 만들기 ..................... 53

    도전하기 ......................................................................... 59

## 6. 거울아! 거울아! 내마음을 알아줘! ................. 60

    무엇을 배울까? ............................................................. 60

    필요한 오브젝트 추가하기 ............................................. 62

    감정을 인식해 알려주는 장치 만들기 ......................... 63

    도전하기 ......................................................................... 67

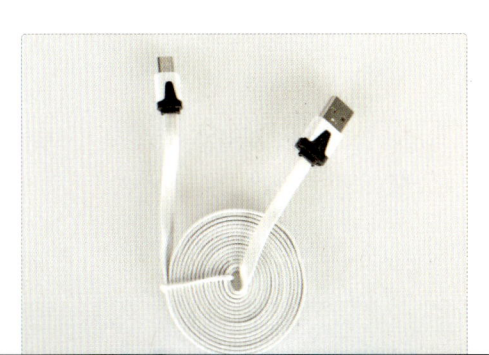

# 차례

## 7. 날따라 해봐요, 이렇게! ········· 68
- 무엇을 배울까? ········· 68
- 필요한 오브젝트 추가하기 ········· 70
- 동작을 인식해 점수를 얻는 장치 만들기 ········· 72
- 도전하기 ········· 78
- 읽을거리 ········· 79

## 8. 내가 좋아하는 컬러톤은 무엇일까요? ········· 80
- 무엇을 배울까? ········· 80
- 필요한 오브젝트 추가하기 ········· 82
- 색깔을 학습해서 컬러톤 분류하는 장치 만들기 ········· 85
- 알아보기 ········· 92
- 도전하기 ········· 93

## 9. 코드위즈, 환경을 지켜줘! ········· 94
- 무엇을 배울까? ········· 94
- 필요한 오브젝트 추가하기 ········· 96
- 페트병을 학습해서 분리 배출하는 장치 만들기 ········· 99
- 도전하기 ········· 106
- 읽을거리 ········· 107

 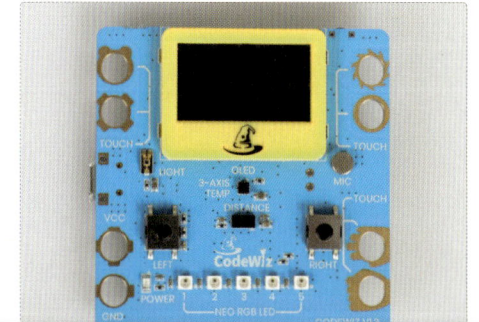 

# Coding School

## 10. 화재가 발생했어요! ........................................................... 108
- 무엇을 배울까? ........................................... 108
- 필요한 오브젝트 추가하기 ........................... 110
- 화재를 감지하는 장치를 만들어요 ................ 112
- 도전하기 ..................................................... 119

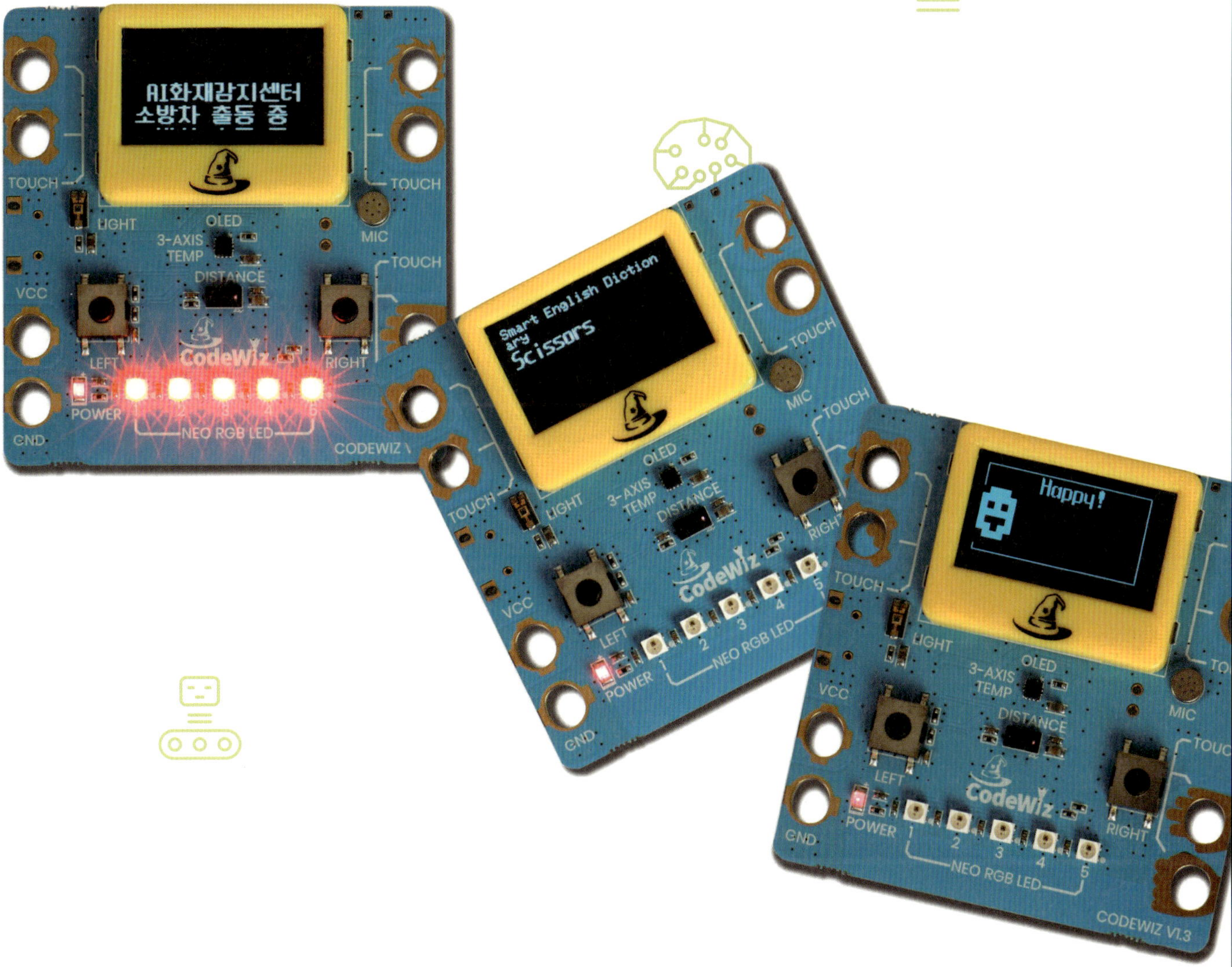

# 1 코드위즈를 알아보아요

쉽고 재미있는 SW 도구를 찾고 있나요? AI, IoT, 메이커, SW 교육까지 모두 가능한 보드가 있다면 믿어지나요? 코딩은 물론

### 무엇을 배울까?

1. 코드위즈 보드에 대해 알아 봅니다.
2. 코드위즈의 센서들에 대해 알아 봅니다.
3. 코드위즈를 엔트리와 연결시켜 봅니다.

**준비물**
코드위즈 베이직 키트

# Coding School

인공지능까지 배울 수 있는 보드가 바로 코드위즈예요. 여기에서는 코드위즈에 대해 알아볼게요.

사용 설명서

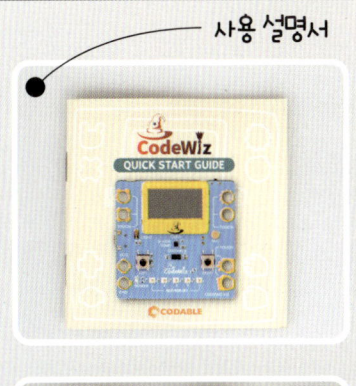

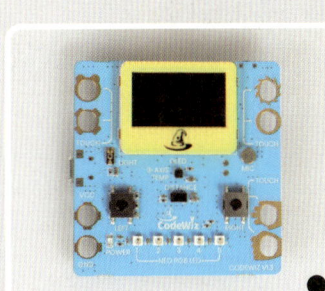

**Q1 코드위즈는 무엇인가요?**
코드위즈는 다양한 센서는 물론 와이파이, 블루투스가 내장되어 있어 AI, IoT, SW, 메이커 교육을 재미있게 배울 수 있는 올인원 보드입니다.

코드위즈 보드

코드위즈 커버

악어 케이블

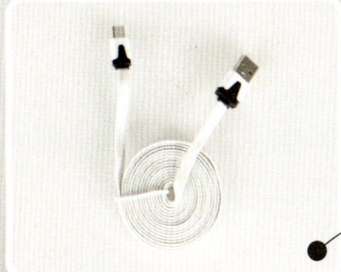

USB 케이블

브릭(레고 호환)

# 코드위즈와 AI

## 코드위즈 보드 알아보기

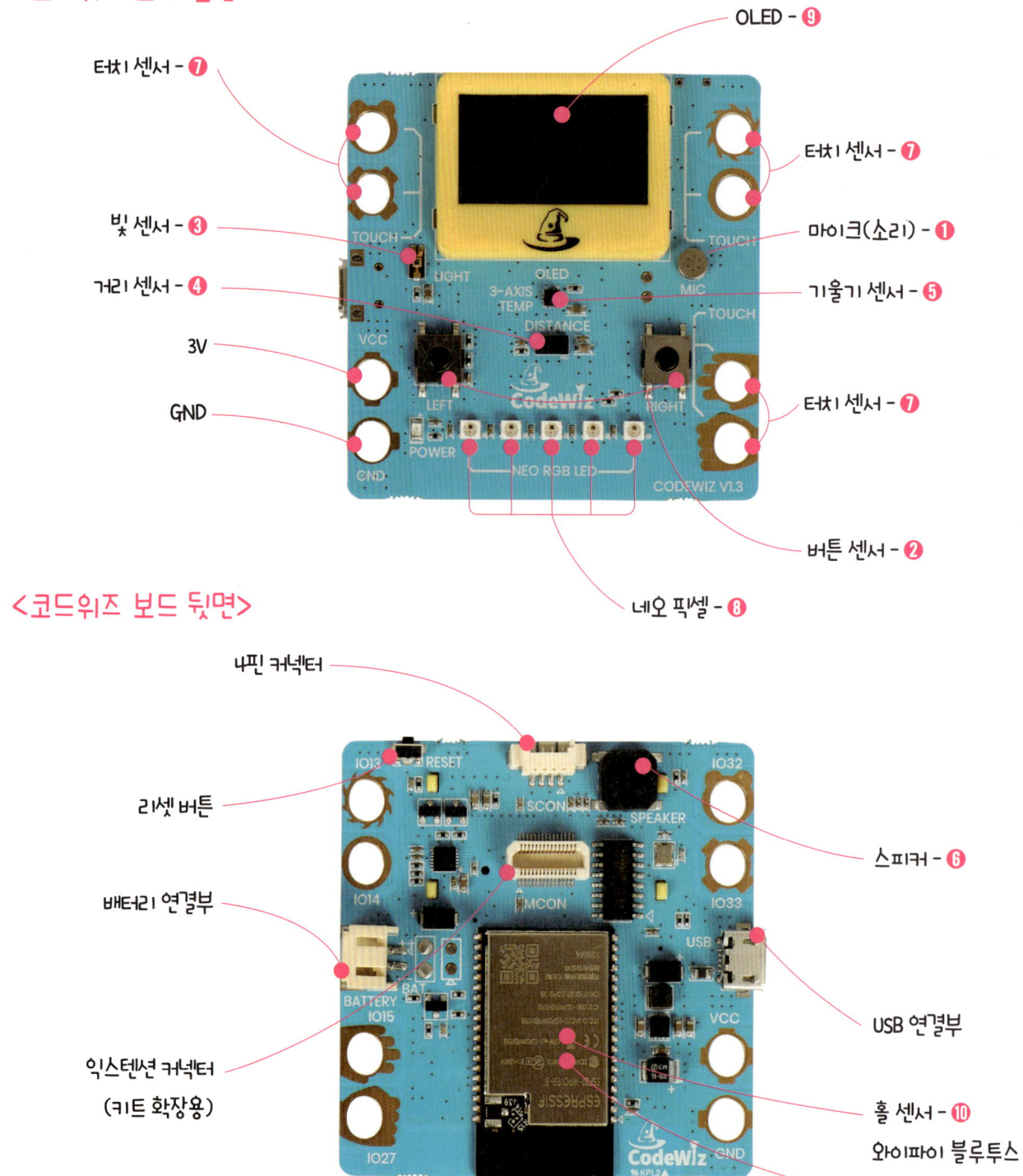

&lt;코드위즈 보드 앞면&gt;

- OLED - ❾
- 터치 센서 - ❼
- 터치 센서 - ❼
- 빛 센서 - ❸
- 마이크(소리) - ❶
- 거리 센서 - ❹
- 기울기 센서 - ❺
- 3V
- GND
- 터치 센서 - ❼
- 버튼 센서 - ❷
- 네오 픽셀 - ❽

&lt;코드위즈 보드 뒷면&gt;

- 4핀 커넥터
- 리셋 버튼
- 스피커 - ❻
- 배터리 연결부
- USB 연결부
- 익스텐션 커넥터 (키트 확장용)
- 홀 센서 - ❿
- 와이파이 블루투스
- 온도 센서 - ⓫

## 코드위즈 센서 알아보기

❶ 마이크 센서 : 주변 소리 크기를 입력받아 소리 크기를 0~1023까지의 값으로 알려줘요.

❷ 버튼 센서 : 버튼이 눌렸는지를 감지할 수 있어요. 버튼이 눌러졌을 때 참, 눌러지지 않았을 때 거짓 값을 반환해요.

❸ 빛 센서 : 주변의 빛 밝기를 0에서 1023까지의 값으로 알려줘요.

❹ 거리 센서 : 물체와의 거리를 mm단위로 알려줘요. 최대 2m까지 측정이 가능해요.

❺ 기울기 센서 : 3축 센서라고도 해요. 기울기를 감지해 x, y, z축의 값을 -90에서 90으로 입력받을 수 있어요.

❻ 스피커 : 높낮이가 다른 여러 가지 음을 출력할 수 있어요.

❼ 터치 센서 : 센서의 터치 유무를 판단할 수 있어요. 터치한 경우 참, 터치하지 않은 경우 거짓을 반환해요.

❽ 네오픽셀 : 5개의 네오픽셀이 내장되어 있어 다양한 색 지정 뿐 아니라 밝기 설정이 가능해요.

❾ OLED : OLED에 메시지와 같은 텍스트, 숫자, 도형 등을 쉽게 출력할 수 있어요.

❿ 홀 센서 : 자석의 극성을 판단할 수 있어요.

⓫ 온도 센서 : 보드의 온도를 측정하여 알려줄 수 있어요.

## 코드위즈와 엔트리 연결하기

**01** USB 케이블로 코드위즈와 노트북을 연결해 주세요.

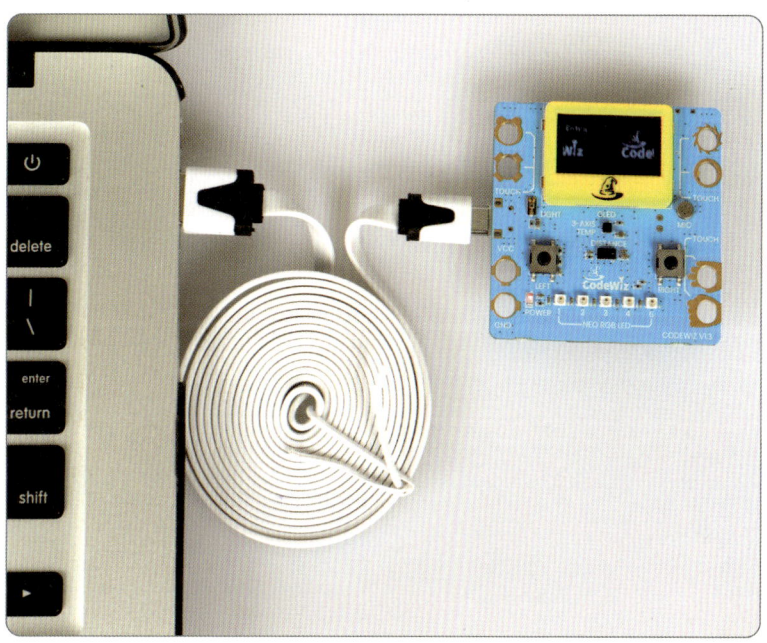

# 코드위즈와 AI

**02** 엔트리에 접속해요. [하드웨어]를 누르면 현재 연결되어 있는 하드웨어가 아무것도 없는 것을 확인할 수 있어요.

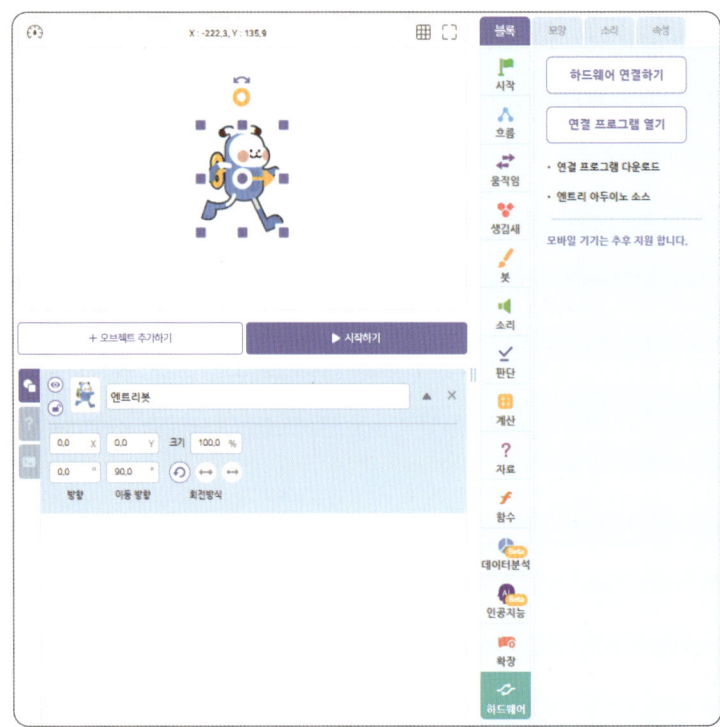

**03** 하드웨어 연결하기를 눌러 코드위즈를 찾아 선택해 주세요.

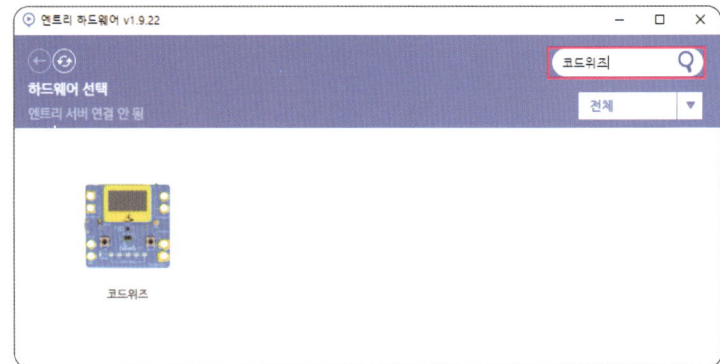

**04** 연결할 포트를 선택해요. 여러 개의 포트가 나타난다면 그 중에서 서버에 연결이 되는 것을 선택해요.

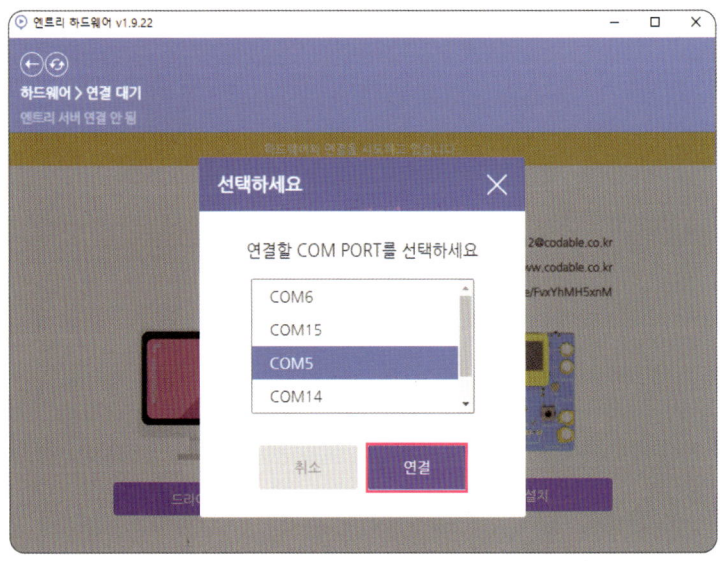

**05** 펌웨어 설치 버튼을 클릭해요.

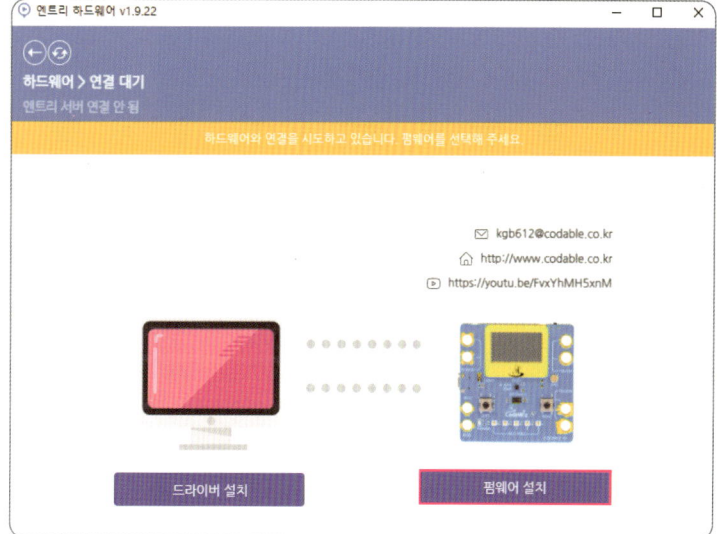

**06** 펌웨어 업로드 중이라는 메시지가 나오면 펌웨어 설치가 완료될 때까지 기다려요.

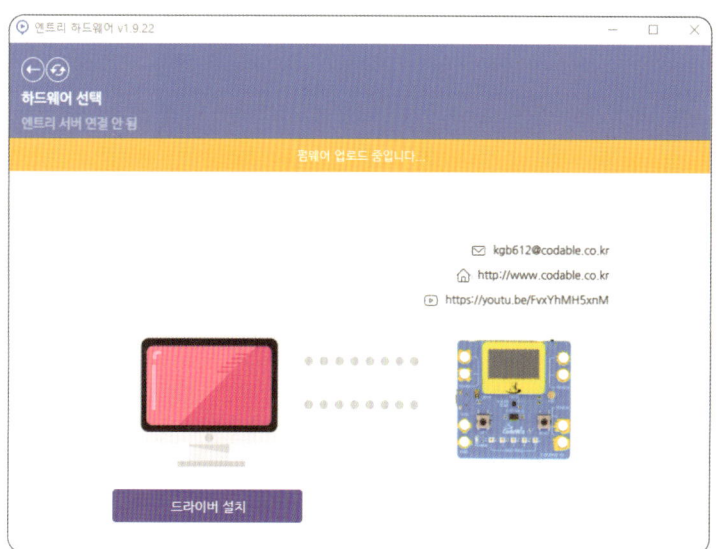

**07** 설치가 완료되면 펌웨어 업로드 중이라는 메시지가 사라지고 연결 성공 메시지만 나타나요

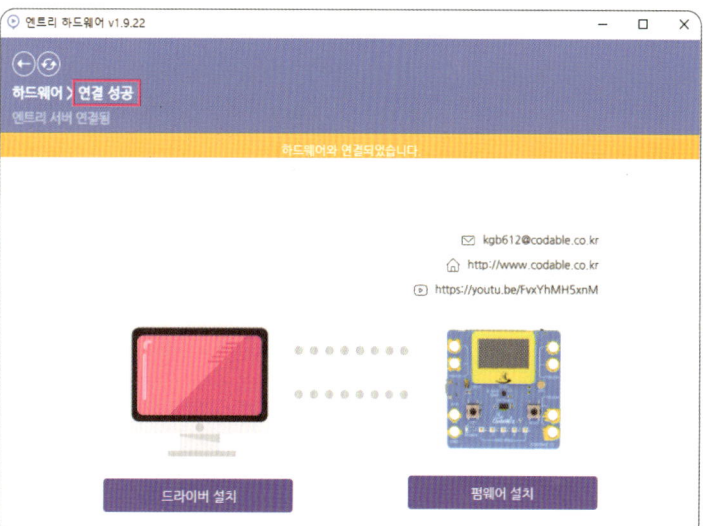

# 코드위즈와 AI

**08** 연결이 제대로 되었다면 코드위즈를 제어할 수 있는 다양한 하드웨어 블록이 나타나요.

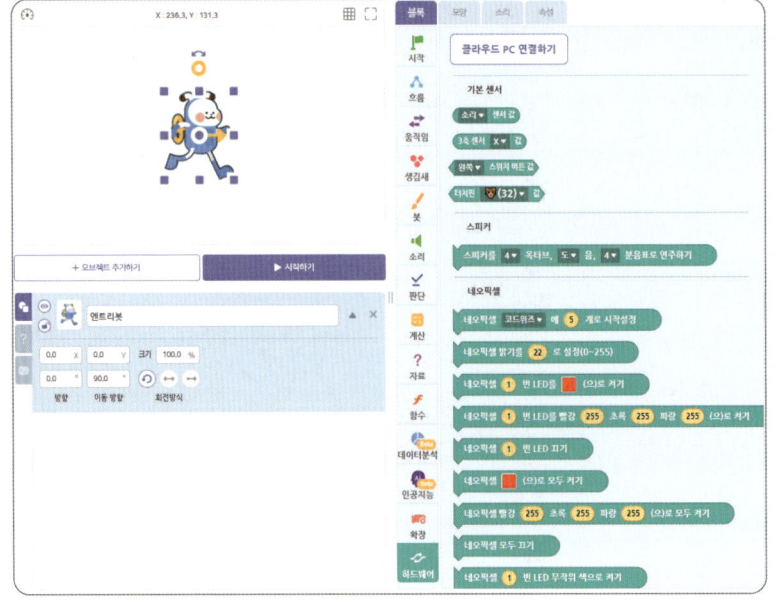

**09** 제대로 작동하는지 테스트를 해 보아요. 오른쪽과 같이 코드를 작성해 주세요.

**10** [시작하기] 버튼을 클릭하여 프로그램을 실행하면 코드위즈 보드의 네오픽셀에 빨간색이 나타나는 것을 확인해 보세요.

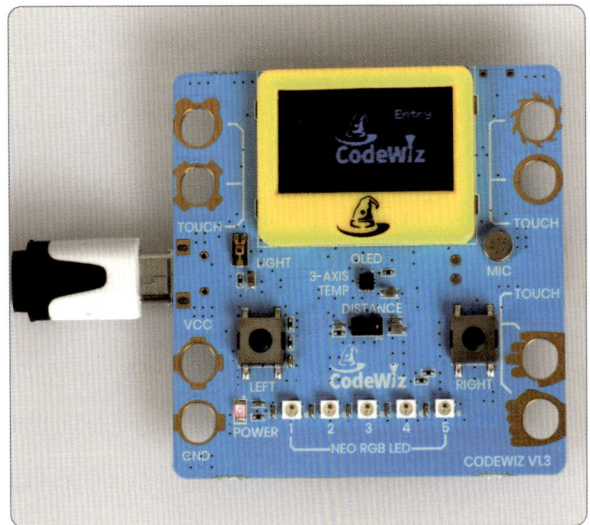
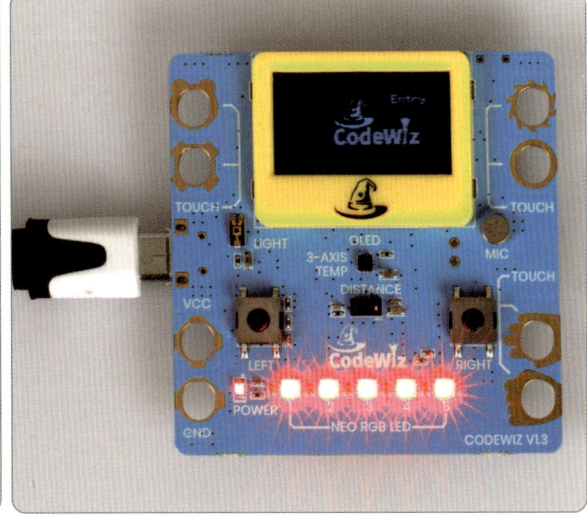

# 읽을거리

### 숫자로 알아보는 코드위즈

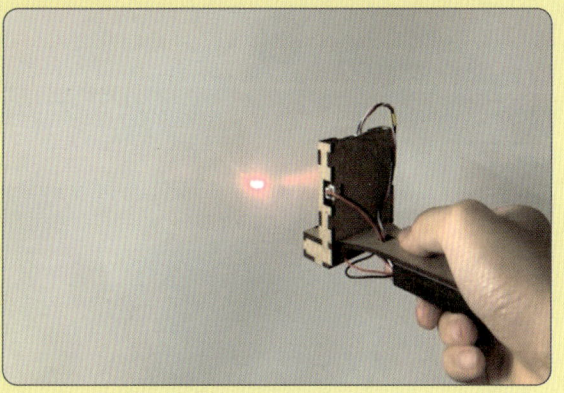

**2** 코드위즈의 거리 센서는 최대 2m까지 감지할 수 있어요. 다른 거리 센서의 3배에 해당하는 수치예요. 더 멀리까지 측정할 수 있는 거리 센서로 재미있는 활동을 해 보아요.

**5** 코드위즈에 부착된 5개의 RGB 네오 픽셀은 함께 또는 따로 제어할 수 있어요. 일편 단순한 LED가 아닌 다채로운 네오픽셀로 한 층 더 강력한 즐거움을 느낄 수 있어요.

**6** 코드위즈와 함께라면 복잡한 전선과 브레드 보드가 필요없어요. 6개의 터치 센서, 악어 케이블, 레고 등 다양한 조립 도구를 이용해 다양한 프로젝트를 실행해 보세요.

**20** 코드위즈의 와이파이와 블루투스 통신을 이용하여 최대 20대까지 통신할 수 있어요. 선생님, 친구들 모두 함께하는 콜라보 프로젝트를 구상해 보세요.

## 2
# 음성으로 무대의 분위기를 바꿔요

여러 가지 색깔의 불빛이 바뀌면서 반짝이는 무대를 본 적이 있나요? 무대의 조명 색깔은 색깔이 있는 필터를 사용해서 변경해요. 사람이 음성으로 명령해서 색깔을 바꾸면 편리하겠지요? 인

### 무엇을 배울까?

1. 음성으로 무대의 색깔을 바꾸는 프로그램을 만들어 봅니다.
2. 코드위즈의 네오픽셀을 사용해 무대의 조명 장치도 바꿔봅니다.

### 준비물
코드위즈 베이직 키트

# Coding School

공지능의 음성인식 기술로 무대와 어울리는 조명의 색깔을 바꿀 수 있어요. 음성으로 명령하여 무대의 색깔과 조명의 색깔이 바뀌도록 인공지능 장치를 만들어 보아요.

**Q1** 다양한 색깔의 조명을 추가해도 되나요?

물론입니다. 네오픽셀로 나타낼 수 있는 색깔은 매우 다양합니다. 원하는 색깔로 지정해 주고, 무대의 모양에서도 색깔 채우기로 동일한 무대 색깔로 바꿔줄 수 있습니다.

# 코드위즈와 AI

## 필요한 오브젝트 추가하기

**01** 기본 오브젝트를 삭제하고 [오브젝트 추가하기] 버튼을 눌러요.

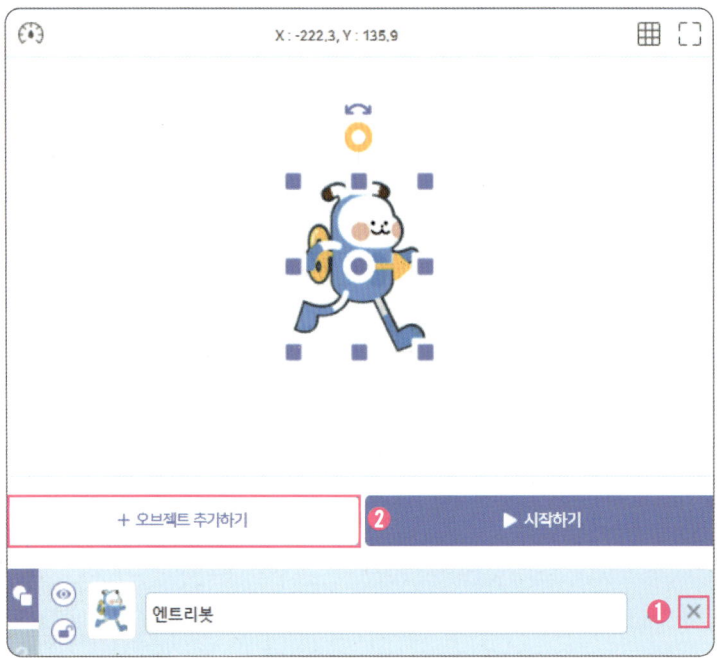

**02** 오브젝트 추가하기 페이지의 상단 오른쪽 검색 창에 '무대'를 입력하여 검색한 후. '[묶음] 패션쇼 무대' 오브젝트를 추가해요.

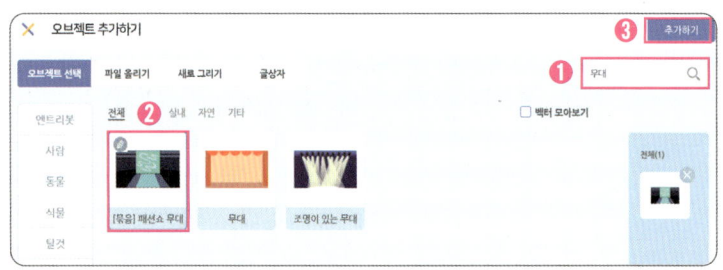

**03** [모양] 탭을 선택하면 그림판이 나오면 '패션쇼 무대_2'를 선택해요. 왼쪽 도구에서 채우기 도구를 선택하고 채우기색을 빨간색을 선택해요.

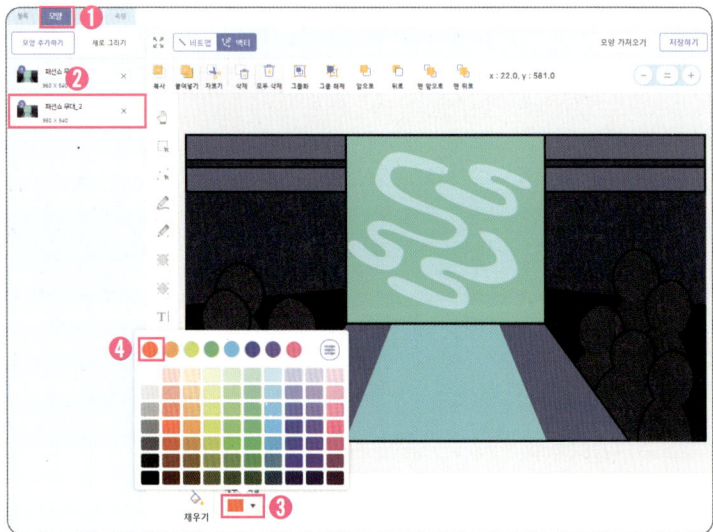

**04** 오른쪽 그림과 같이 무대를 클릭하여 빨간색으로 변경해요. 오른쪽 상단에서 [저장하기] 버튼을 클릭해 [저장하기]를 눌러서 무대 모양을 저장해요.

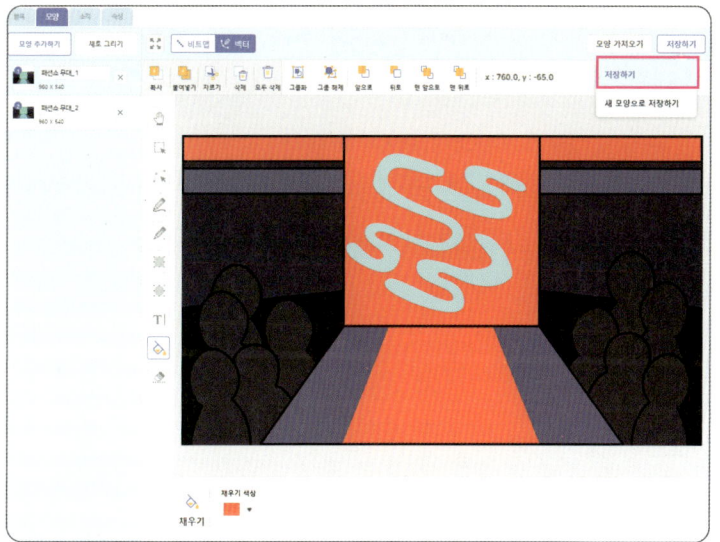

**05** 색깔이 바뀐 '패션쇼 무대_2' 위에 마우스를 가져간 다음 다음 오른쪽 버튼을 눌러 [복제]를 선택해서 모양을 복제해요.

**06** 복제한 모양에 다시 같은 방법으로 노란색으로 채운 뒤 저장하고 모양의 이름을 '패션쇼 무대_3'로 바꿔요. 그리고 하나 더 복제하여 회색으로 채운 뒤 모양의 이름을 '기본 무대'로 바꿔요.

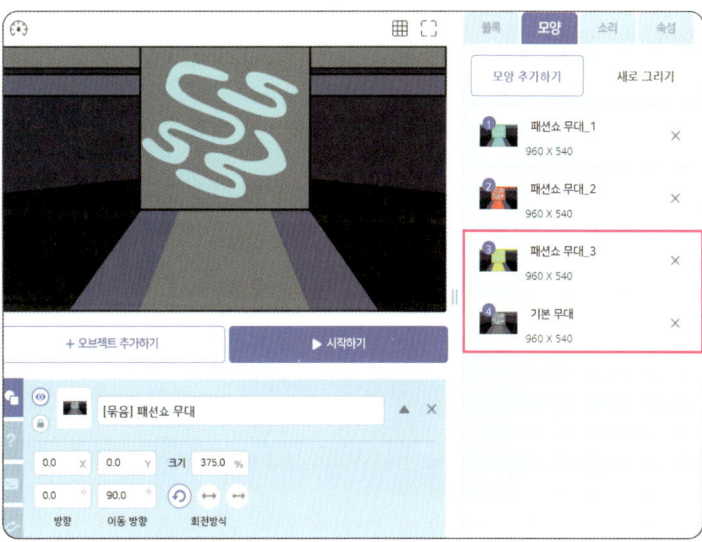

# 코드위즈와 AI

## 음성 인식으로 무대를 바꾸는 장치 만들기

**01** '묶음 패션쇼 무대' 오브젝트를 선택한 상태에서 필요한 인공지능 블록을 추가해요.

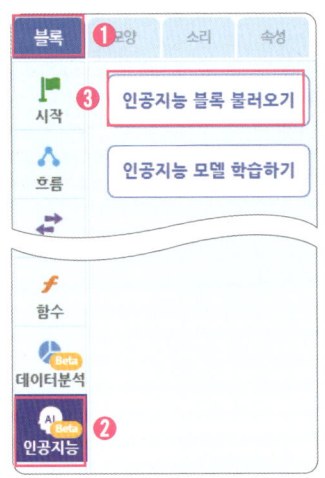

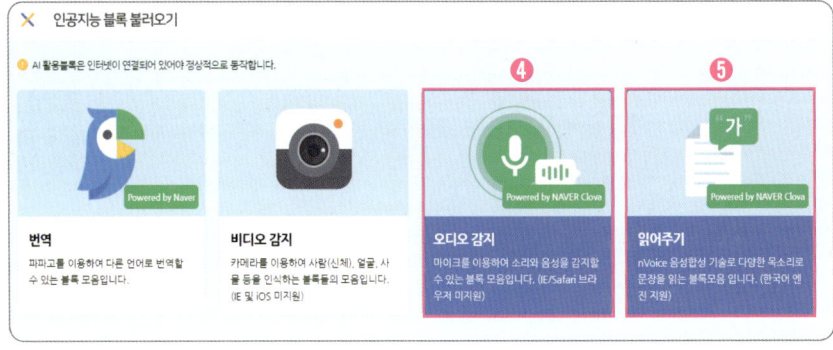

**02** '시작하기 버튼을 클릭했을 때' 블록을 가져온 뒤 아래에 무대 모양과 인공지능의 음성 안내 코드를 작성하고 [흐름] 블록 꾸러미의 반복 블록을 이용해서 다음과 같이 코드를 작성해요.

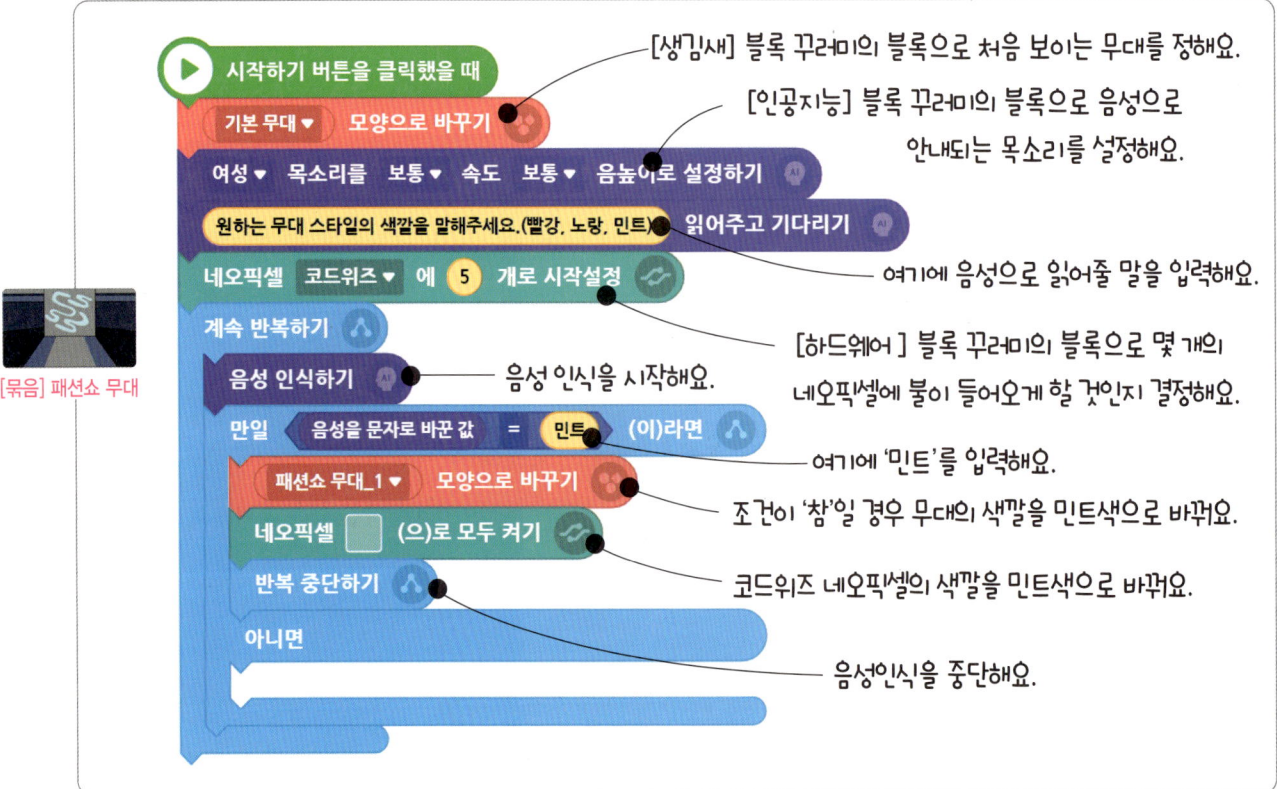

**03** 02 블록의 '만일~이라면, ~아니면' 블록에 다음과 같이 똑같은 블록을 추가하고 '빨강'이라는 음성을 인식하였 때 무대가 빨간색으로 바뀌도록 코드를 작성해요.

# 코드위즈와 AI

**04** ③에 이어서 다음과 같이 블록 코드를 마무리해요.

[묶음] 패션쇼 무대

```
시작하기 버튼을 클릭했을 때
기본 무대▼ 모양으로 바꾸기
여성▼ 목소리를 보통▼ 속도 보통▼ 음높이로 설정하기
원하는 무대 스타일의 색깔을 말해주세요.(빨강, 노랑, 민트) 읽어주고 기다리기
네오픽셀 코드위즈▼ 에 5 개로 시작설정
계속 반복하기
  음성 인식하기
  만일 음성을 문자로 바꾼 값 = 민트 (이)라면
    패션쇼 무대_1▼ 모양으로 바꾸기
    네오픽셀 ☐ (으)로 모두 켜기
    반복 중단하기
  아니면
    만일 음성을 문자로 바꾼 값 = 빨강 (이)라면
      패션쇼 무대_2▼ 모양으로 바꾸기
      네오픽셀 ■ (으)로 모두 켜기
      반복 중단하기
    아니면
      만일 음성을 문자로 바꾼 값 = 노랑 (이)라면
        패션쇼 무대_3▼ 모양으로 바꾸기
        네오픽셀 ☐ (으)로 모두 켜기
        반복 중단하기
      아니면
        다시 말해주세요. 읽어주고 기다리기
        1 초 기다리기
```

- 여기에 '노랑'을 입력해요.
- 무대의 색깔을 노란색으로 바꿔요.
- 코드위즈 네오픽셀의 색깔을 노란색으로 바꿔요.
- 음성인식을 중단해요.
- 모두 아니라면 '다시 말해주세요.'를 읽고 주고 기다려요.
- 1초를 기다려요.

**05** 프로그램을 실행해 무대의 분위기를 바꿔요.

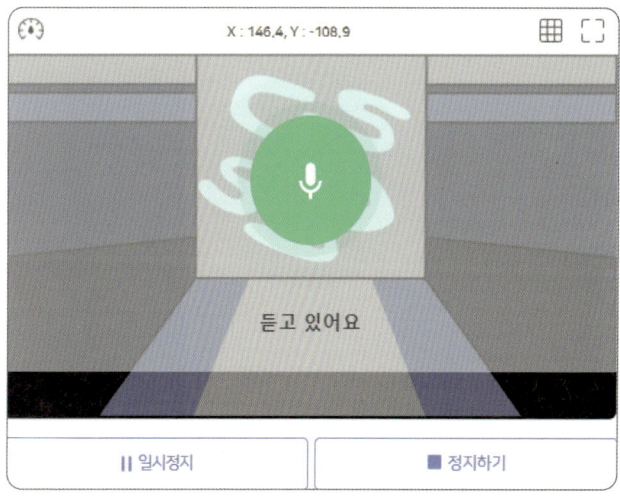

'민트'라고 말했을 때
표시된 무대의 모습

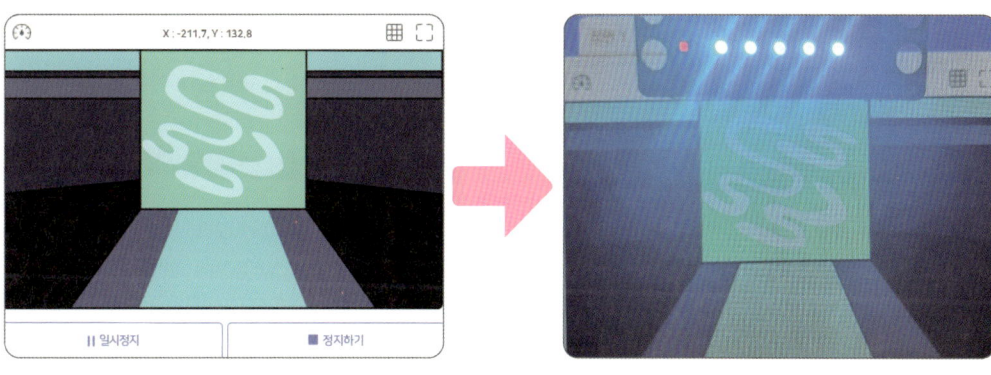

'빨강'이라고 말했을 때
표시된 무대의 모습

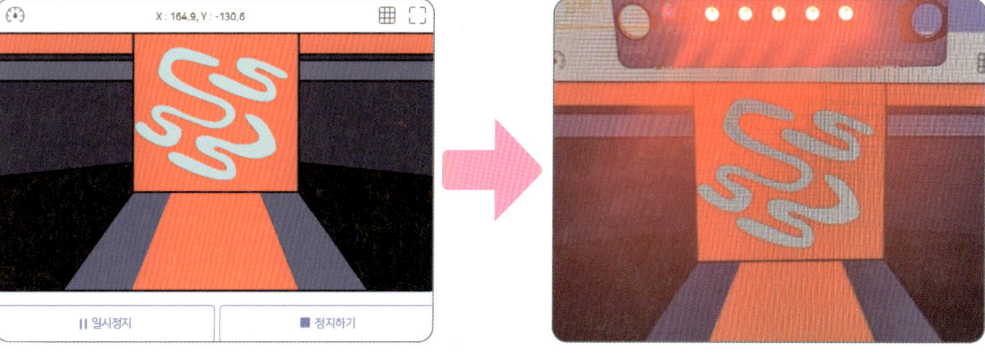

'노랑'이라고 말했을 때
표시된 무대의 모습

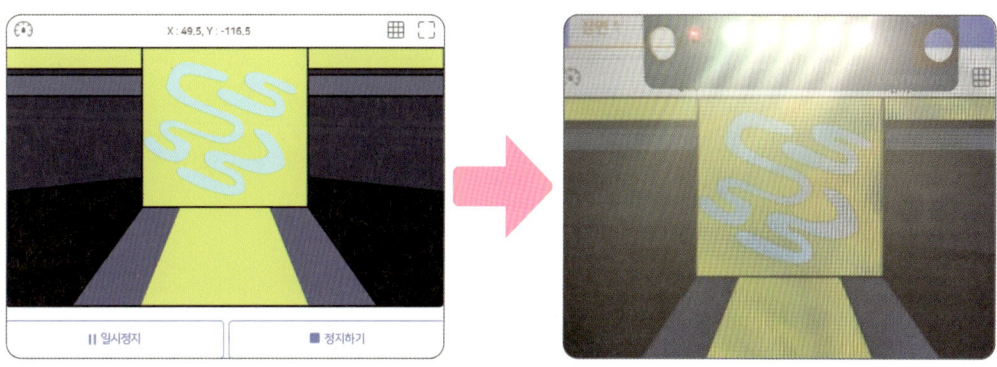

# 코드위즈와 AI

## 도전하기

무대의 조명이 켜졌다 꺼졌다를 정해준 횟수만큼 반복하며 깜박거리게 만들어 주세요.

<조명이 켜짐>

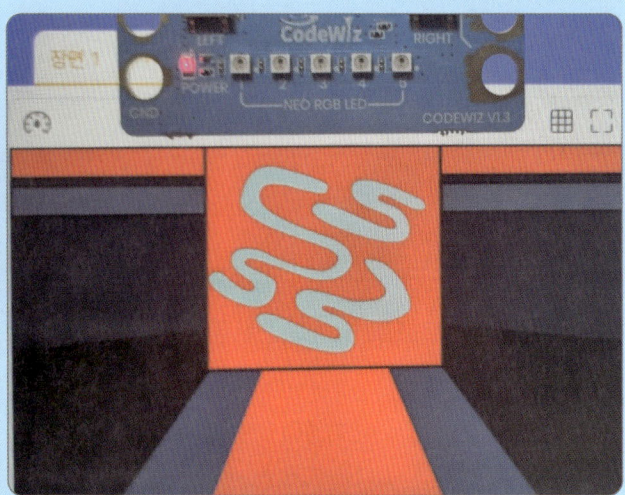
<조명이 꺼짐>

**Mission 01** 네오픽셀 모두 끄기 블록을 활용해 보세요. 꺼졌다 켜졌다 하는 모습이 보이려면 어떤 블록과 함께 사용해야 할지도 생각해 보세요.

**Mission 02** 정해준 횟수만큼 반복해 켜졌다 꺼지려면 다음의 반복하기 블록을 사용해 보세요.

## 읽을거리

### 음성만으로 가전의 색깔도 마음대로 바꾸는 세상

사진 : LG 전자

    코드위즈로 인공지능의 음성인식 기술을 이용해 무대의 분위기와 조명의 색깔을 바꿔보았어요. 재미있었나요? 그런데 실제로 음성 명령만으로 우리 집 가전의 색깔을 마음대로 바꿀 수 있어요. 최근 국내 한 기업에서 내놓은 냉장고는 음성 명령만으로 냉장고의 색깔을 바꿀 수 있답니다. 냉장고에 다가서면 자동으로 조명이 켜지고, 오랫동안 문이 열려 있으면 조명이 깜박 깜박거리며 이상 신호를 보내죠. 냉장고의 색깔을 바꾸거나 음악을 재생하는 일도 문제 없어요.

    어떻게 이런 일이 가능하냐고요? 바로 인공지능의 음성인식 기술과 와이파이, 블루투스 등 무선 통신을 활용했기에 가능하답니다. 냉장고뿐 아니라 음성인식 스탠드 조명은 사람의 목소리로 조명을 켜거나 끌 수도 있어요. 자기 위해 침대에 누웠는데 불을 깜박하고 끄지 않았다면 일어나 불을 끄는 대신 목소리로 "불 꺼줘"라고 외치는 거죠. 이렇게 인공지능으로 편리해진 세상, 코드위즈로 계속해서 다양한 인공지능의 기능을 확인해 보세요.

# 3 가위바위보의 우승자는 누구?

친구들과 게임을 하기 위해서 편을 가르거나 승부를 겨룰 때 가위바위보를 가장 많이 사용하지요? 목소리로 '가위바위보'를 외치고 손으로 동작을 하게 되는데, 이러한 방법으로 인공지능 가

### 무엇을 배울까?

 음성에 따라 가위바위보 게임을 실행하는 프로그램을 만들어 봅니다.

 랜덤으로 가위바위보를 하고 우승자를 OLED 화면에서 확인합니다.

### 준비물

코드위즈 베이직 키트

# Coding School

위바위보 게임을 만들 수 있어요. 이번 장에서는 엔트리봇끼리 가위바위보 게임을 하는 인공지능 장치를 만들어 보아요.

**Q1** 화면에 있는 로고를 지울 수 없나요?
지울 수 있습니다. 도전 과제에 안내된 것처럼 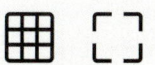 블록을 활용하면 화면을 깨끗하게 만들 수 있습니다.

**Q2** OLED 화면이 움직이는 것을 멈추고 싶어요!
 블록을 활용하면 OLED의 글자나 이미지가 움직이는 것을 멈출 수 있습니다. 코드위즈의 다양한 명령 블록을 활용해 보세요.

# 코드위즈와 AI

## 필요한 오브젝트 추가하기

**01** 기본 오브젝트를 삭제하고 [오브젝트 추가하기] 버튼을 눌러요.

**02** 오브젝트 추가하기 페이지의 상단 오른쪽 검색 창에 '웃는'을 입력해요. '[묶음] 웃는 옆모습' 오브젝트를 추가해요.

**03** 오브젝트 목록에서 추가한 [묶음] 웃는 옆모습 엔트리봇을 선택하고 마우스 오른쪽 버튼을 눌러 [복제] 메뉴를 선택해 오브젝트를 하나 더 복사해요.

**04** 복제된 오브젝트를 왼쪽으로 위치시킨 다음 [모양] 탭으로 이동해요.

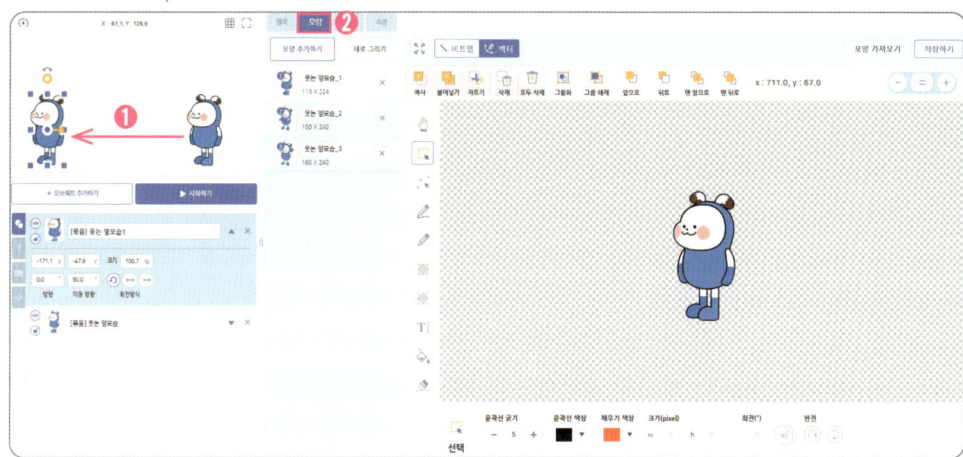

**05** 그림판 오른쪽 하단에 [좌우 반전] 버튼을 누르고 오른쪽 상단에 있는 [저장하기] 버튼을 누르면 2개의 엔트리 봇이 서로 마주보는 모습으로 바꿀 수 있어요.

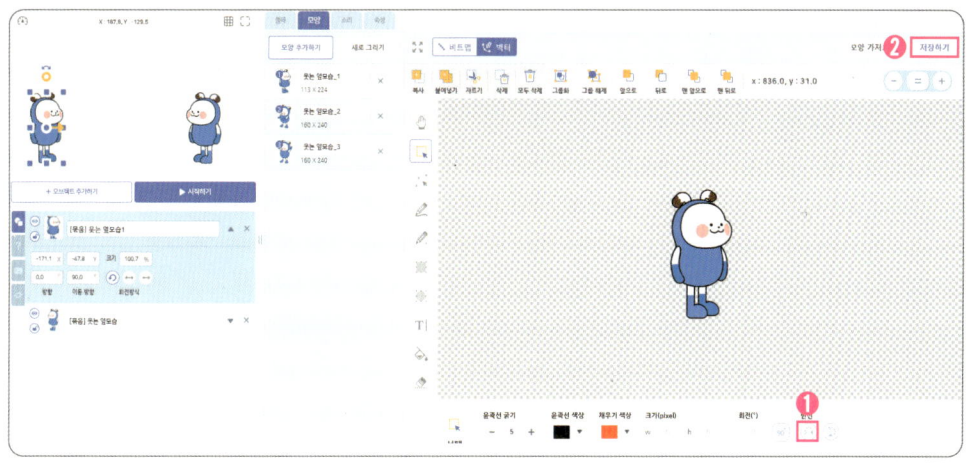

**06** 좌우반전해 저장한 오브젝트의 그림판에서 채우기 버튼을 눌러 파란색 옷을 빨간색 옷으로 바꾼 뒤 [저장하기] 버튼을 눌러요.

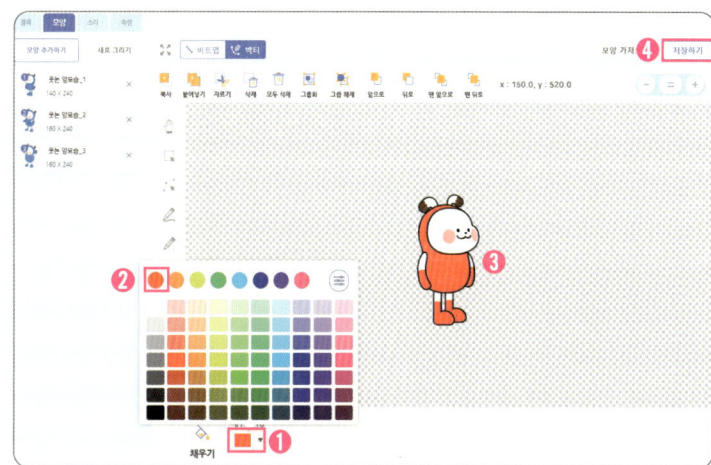

31

# 코드위즈와 AI

**07** 그림처럼 좌우반전한 오브젝트의 나머지 모양들도 똑같은 방법으로 좌우반전을 시키고, 옷의 색깔을 모두 빨간색으로 바꿔요.

**08** 이번에는 오브젝트 추가하기에서 '가위바위보' 오브젝트를 추가해요.

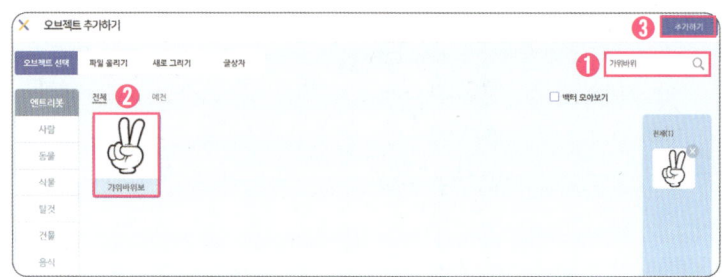

**09** 오브젝트 목록에서 '가위바위보' 오브젝트를 선택한 상태에서 마우스 오른쪽 버튼을 눌러 복제해요.

**10** 그림처럼 배치해요.

## 가위바위보 승자 알림 장치 만들기

**01** 빨간색으로 바꾼 '묶음 웃는 옆모습1' 오브젝트를 선택한 상태에서 필요한 인공지능 블록을 추가해요.

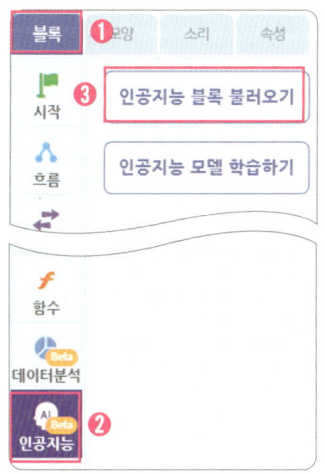

**02** [속성] 탭으로 이동하여 오른쪽 그림과 같이 필요한 신호와 변수를 추가해요.

'파란 엔트리 결과'를 입력

'파란 엔트리 결과'를 입력

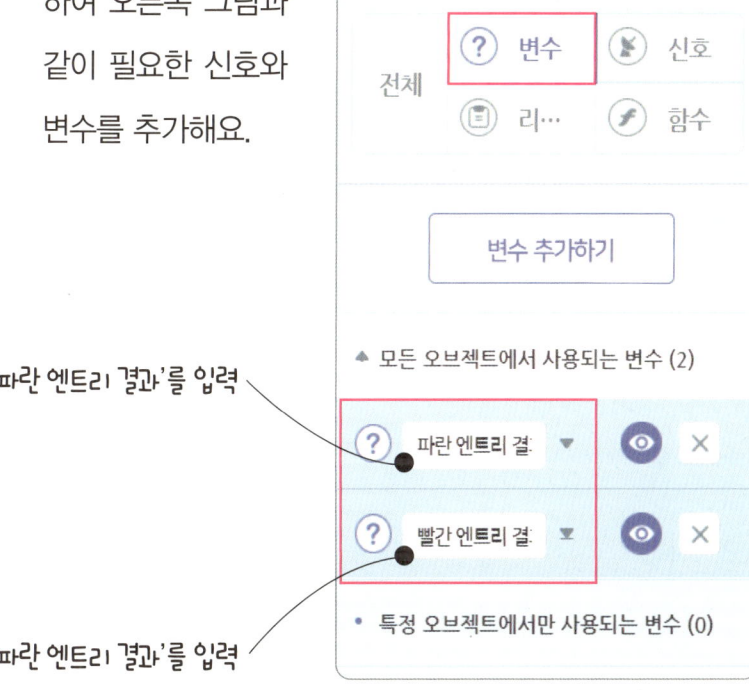

# 코드위즈와 AI

**03** '시작하기 버튼을 클릭했을 때' 블록을 가져온 뒤 아래에 인공지능의 음성 안내 코드를 작성하고 [흐름] 블록 꾸러미의 반복 블록을 이용해서 다음과 같이 코드를 작성해요.

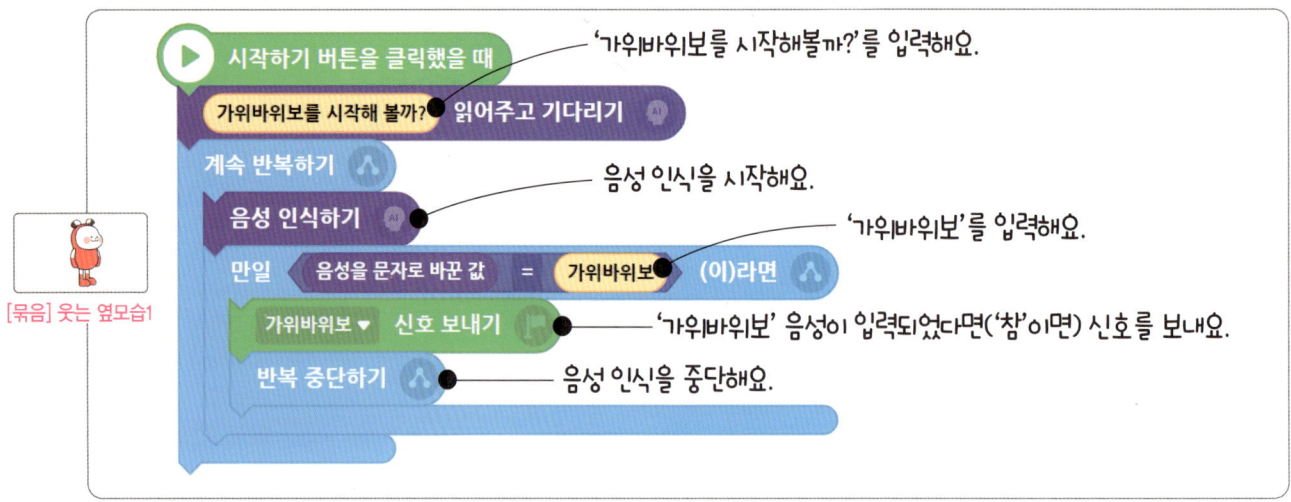

**04** 계속해서 '묶음 웃는 옆모습1' 오브젝트를 선택한 상태에서 코드를 추가해요.

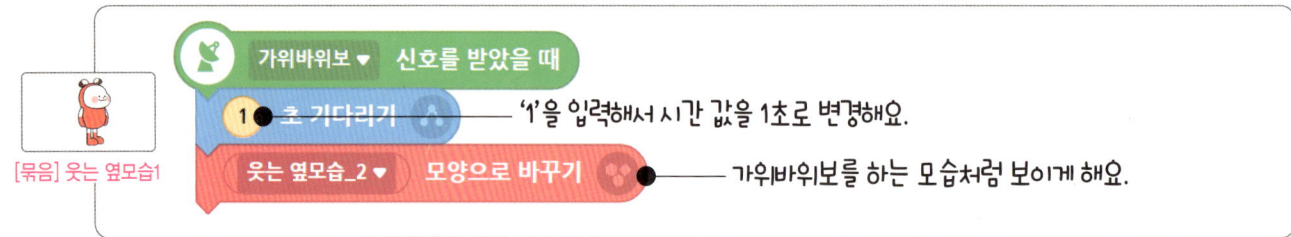

**05** 계속해서 '묶음 웃는 옆모습' 오브젝트를 선택한 상태에서 코드를 추가해요.

**06** 화면 왼쪽에 있는 '가위바위보' 오브젝트를 선택한 상태에서 코드를 작성해요.

**07** 계속해서 '가위바위보' 오브젝트를 선택한 상태에서 가위바위보 완료 신호를 받았을 때의 코드를 추가해요.

| | | | |
|---|---|---|---|
| 1(가위) | 3(보) | | |
| 2(바위) | 1(가위) | | 이김 |
| 3(보) | 2(바위) | | |
| 1(가위) | 2(바위) | | |
| 2(바위) | 3(보) | | 이김 |
| 3(보) | 1(가위) | | |

35

# 코드위즈와 AI

**08** 화면 오른쪽에 있는 '가위바위보1' 오브젝트를 선택한 상태에서 코드를 작성해요.

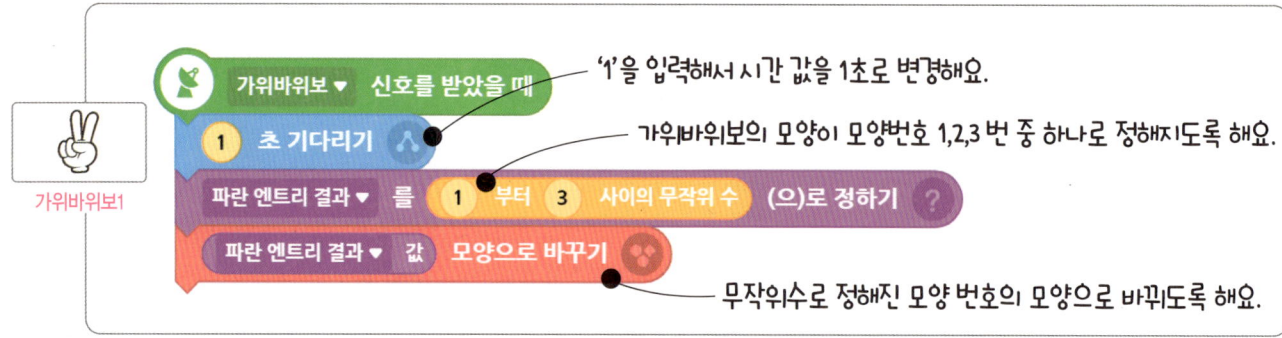

**09** 빨간색 '[묶음] 웃는 옆모습1' 오브젝트를 선택한 상태에서 코드를 추가해요.

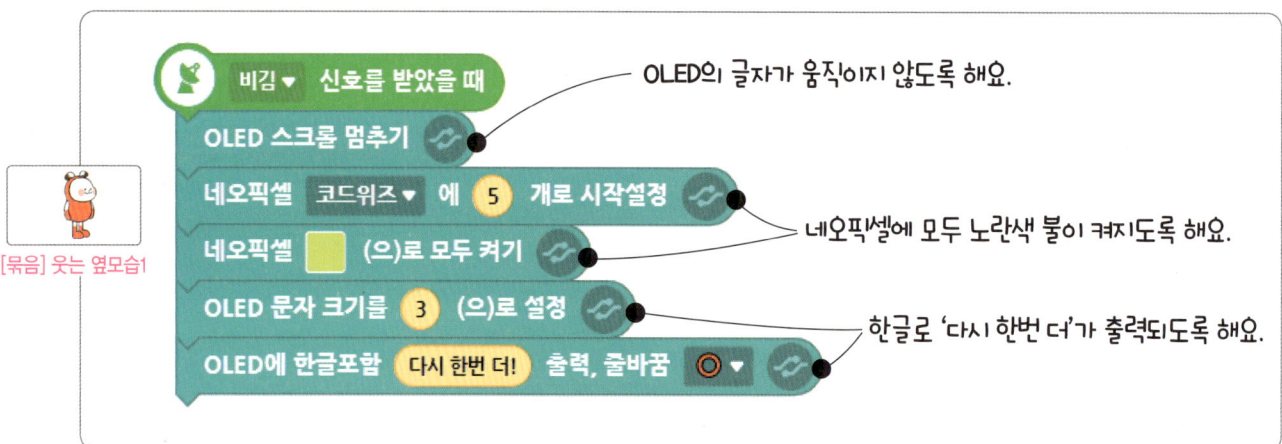

**10** 계속해서 '[묶음] 웃는 옆모습1' 오브젝트를 선택한 상태에서 코드를 추가해요.

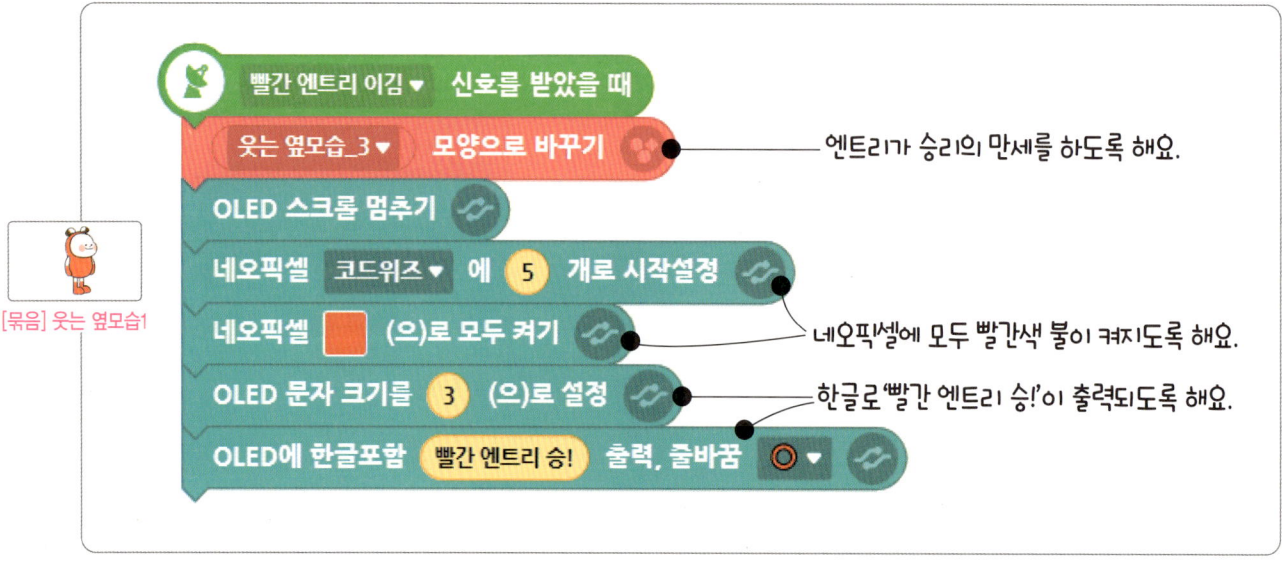

⑪ 파란색 '[묶음] 웃는 옆모습' 오브젝트를 선택한 상태에서 코드를 추가해요.

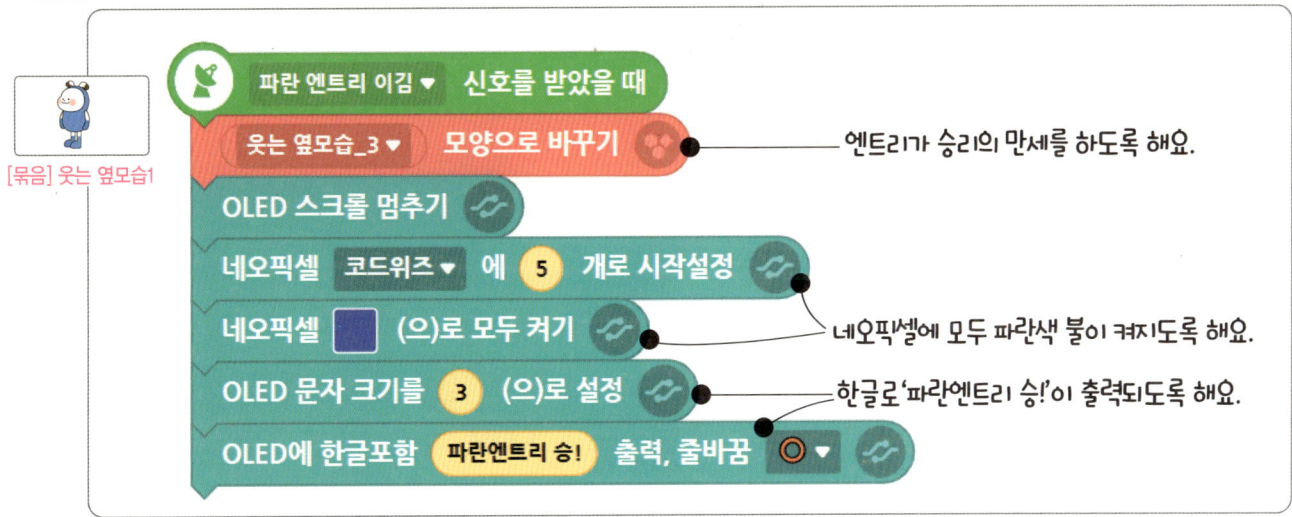

⑫ 프로그램을 실행해 가위바위보 게임을 해요.

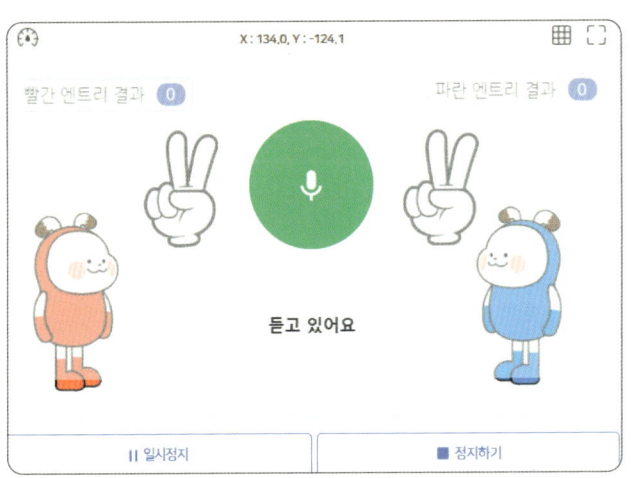
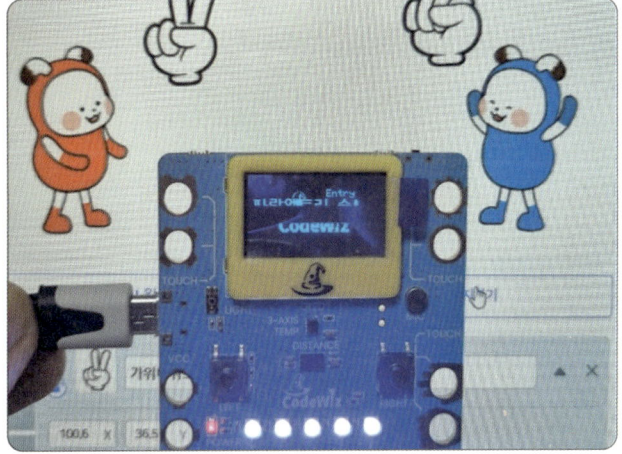
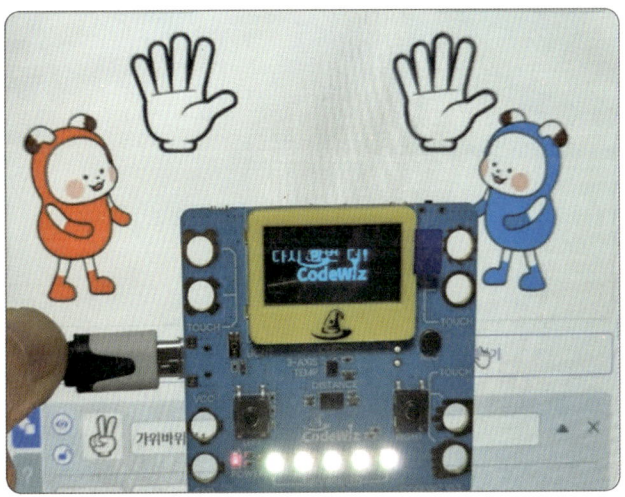

# 코드위즈와 AI

## 도전하기

가위바위보를 여러 번 반복할 수 있도록 [다시하기] 오브젝트를 추가해 보세요.

**Mission 01** '[다시하기] 버튼 오브젝트'를 추가하고 이 오브젝트를 클릭했을 때 다시 가위바위보가 시작되도록 하세요. 다시 시작될 때 아래의 명령 블록을 사용하면 화면이 어떻게 달라지나요?

**Mission 02** 다시 시작될 때 네오픽셀에 나타나는 색깔이 다양해지도록 아래의 블록을 사용해 보세요. 이 블록이 2초간 색깔을 유지하려면 함께 사용해야 하는 명령 블록은 무엇일까요?

# 읽을거리

### 코드위즈 'AI 가위보위보' 키트로 메이킹하자!

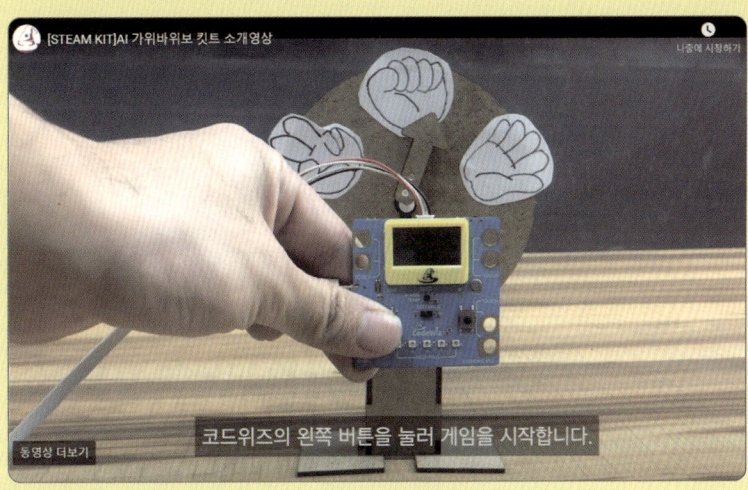

　코드위즈로 인공지능의 음성인식 기술을 이용해 가위바위보 게임을 만들어 보았어요. 이 책에서는 코드위즈의 기본 키트 만을 사용하지만 코드위즈의 'AI 가위바위보' 키트를 사용하면 보다 재미있는 메이킹 활동을 할 수 있어요. 코드위즈의 'AI 가위바위보' 키트에는 MDF 프레임과 서보모터, 4핀 케이블, 나사와 드라이버까지 있어 손쉽게 룰렛 게임판을 만들 수 있지요.

　이 외에도 AI 컨베이어벨트 키트, 비접촉 온도계 키트 등 코드위즈를 활용한 다양한 STEAM 키트들이 있답니다. 코드위즈 STEAM 키트란 코드위즈의 기본 센서와 추가 확장 센서를 결합해 공학의 원리를 배우고 이해할 수 있는 특별한 키트를 말하죠. 코드위즈의 특별한 STEAM 키트를 활용하고 싶다면 http://www.codable.co.kr/page/?pid=sub03sk로 놀러오세요!

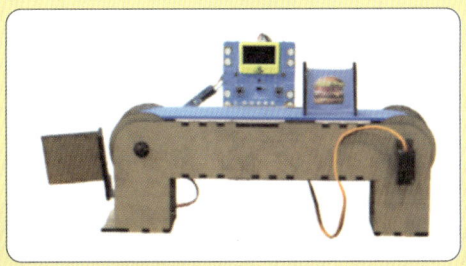

AI 컨베이어벨트 키트

비접촉 온도계 키트

# 4

# 나랑 친구할래?

영화나 드라마에서 인공지능이 사람의 얼굴을 인식해서 집을 잃어버린 사람을 찾아주거나 범인을 찾아서 알려주는 장면이 많이 등장해요. 영화에서나 드라마에서 보았을 것 같은 이러한 일들이

### 무엇을 배울까?

1. 사람의 얼굴을 인식해 알려주는 프로그램을 만들어 봅니다.
2. 친구에게 반갑게 인사하며 함께 놀자고 말하는 코드위즈를 만들어 봅니다.

**준비물**

코드위즈 베이직 키트

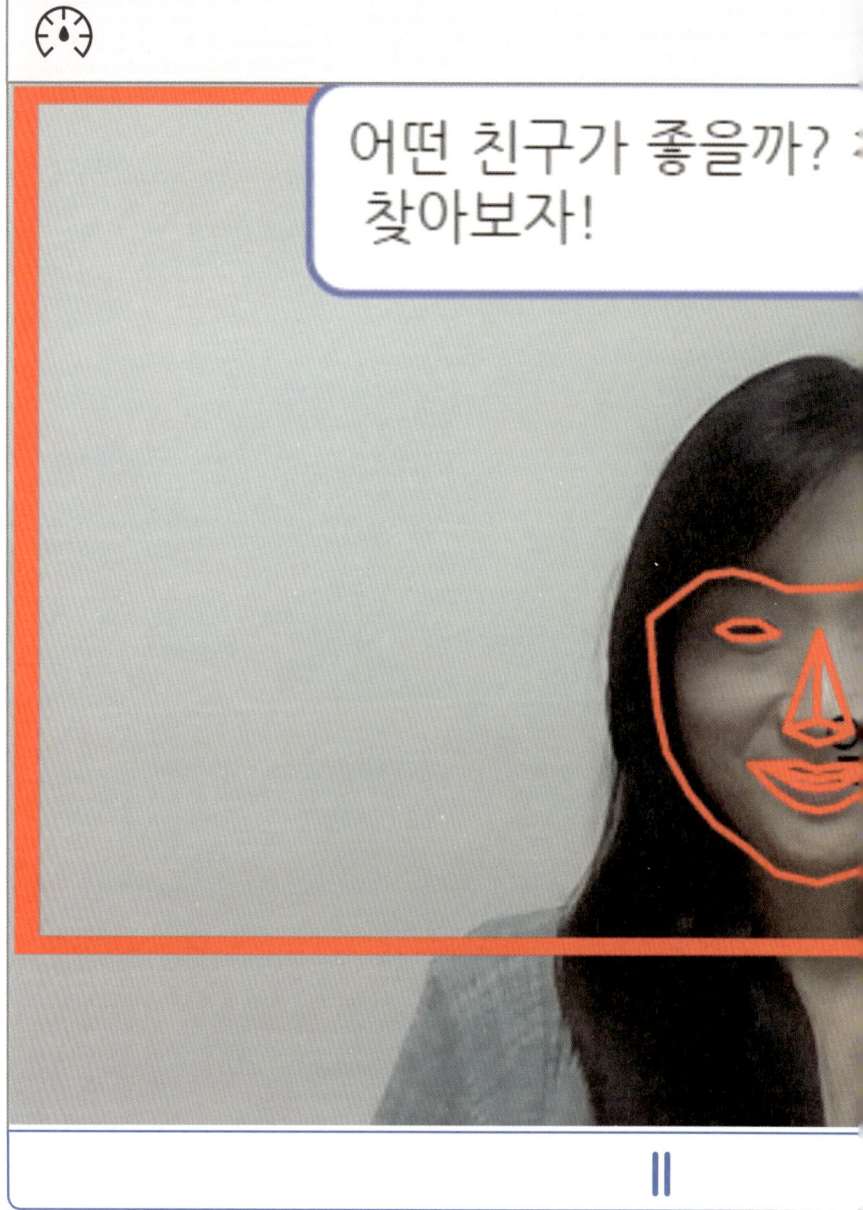

# Coding School

이제 주위에서 실제로 일어나고 있어요. 이번 장에서는 코드 위즈를 활용해 사람의 얼굴을 인식하는 인공지능 장치를 만들어 보아요.

**Q1** 화면에 글자의 위치를 원하는 곳으로 바꿀 수 있나요?

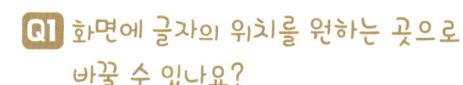 블록을 사용하면 OLED 화면의 커서 위치를 바꿀 수 있어 원하는 곳으로 글자가 위치하게 할 수 있습니다.

**Q2** 글자 크기를 바꾸는 블록은 있는데 화면에 나오는 이미지의 크기를 바꿀 수는 없나요?

블록을 사용하면 문자뿐 아니라 이미지 기호 등도 크기를 바꿀 수 있습니다.

41

# 코드위즈와 AI

## 필요한 오브젝트 추가하기

**01** 기본 오브젝트를 삭제하고 [오브젝트 추가하기] 버튼을 눌러요.

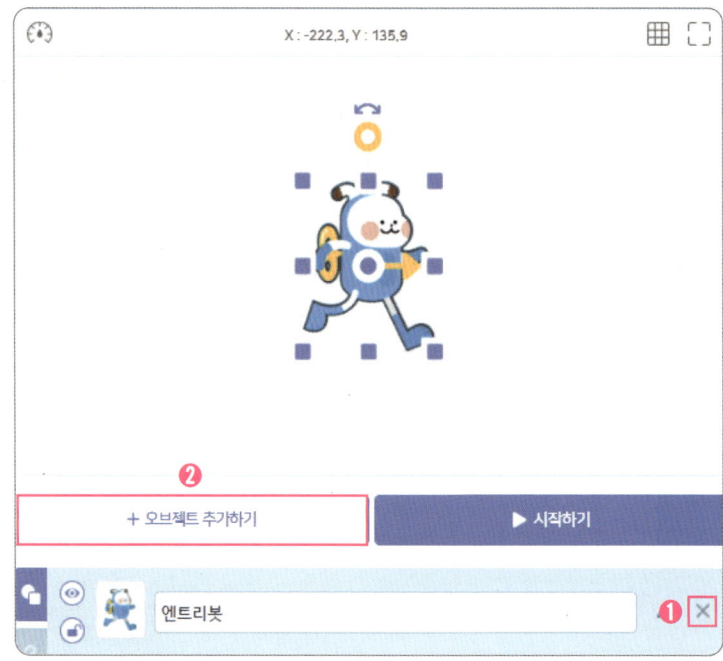

**02** 오브젝트 추가하기 페이지의 상단 오른쪽 검색 창에 '별'을 입력해요. '별이 빛나는 숲' 배경 오브젝트를 추가해요.

**03** 이번에는 검색 창에 '마녀'를 입력해요. '마녀(1)' 오브젝트를 추가해요.

**04** 마지막으로 검색 창에 '사각형'을 입력해 '속이 빈 사각형' 오브젝트를 추가해요.

**05** 그림과 같이 오브젝트를 배치해요.

## 얼굴 인식해서 친구 사귀는 장치 만들기

**01** '마녀(1)' 오브젝트를 선택한 상태에서 필요한 인공지능 블록을 추가해요.

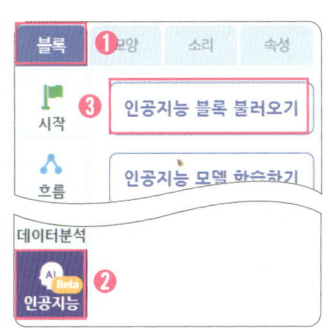 

**02** [속성] 탭으로 이동하여 오른쪽 그림과 같이 '친구찾기', '친구와놀기' 신호를 추가해요.

# 코드위즈와 AI

**03** '시작하기 버튼을 클릭했을 때' 블록을 가져온 뒤 아래에 '마녀(1)' 오브젝트의 위치와 목소리 스타일을 코드로 작성해요.

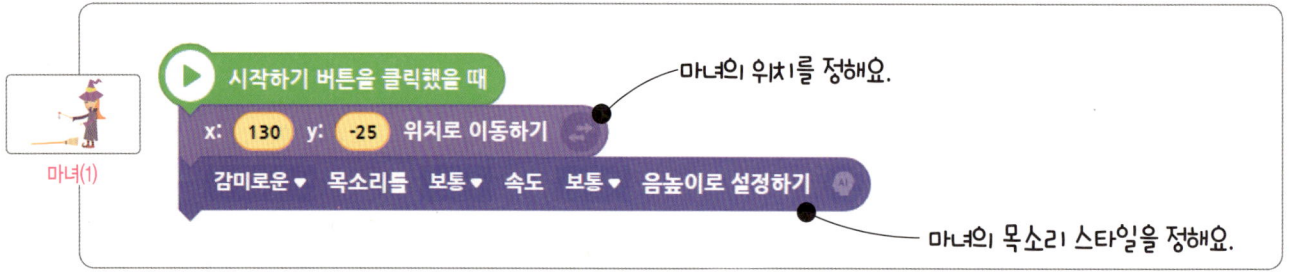

**04** 계속해서 '마녀(1)' 오브젝트를 선택한 상태에서 코드를 작성해요.

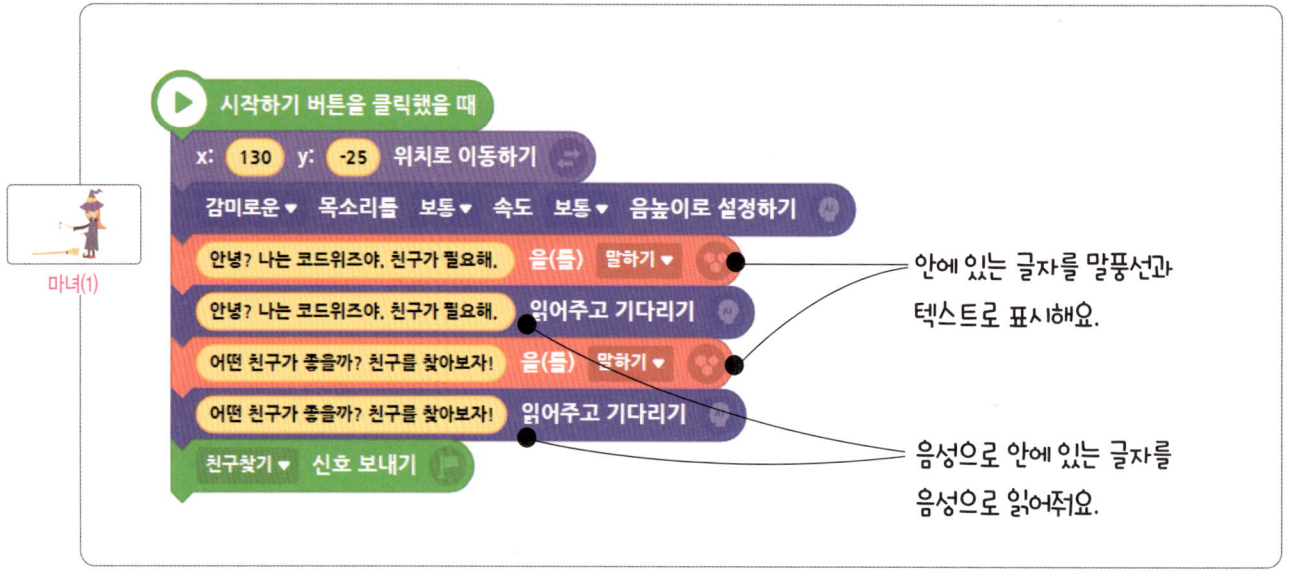

**05** 계속해서 '마녀(1)' 오브젝트를 선택한 상태에서 코드를 추가해요.

**06** 계속해서 **05**에서 작성한 코드 아래에 다음과 같이 블록을 추가해요.

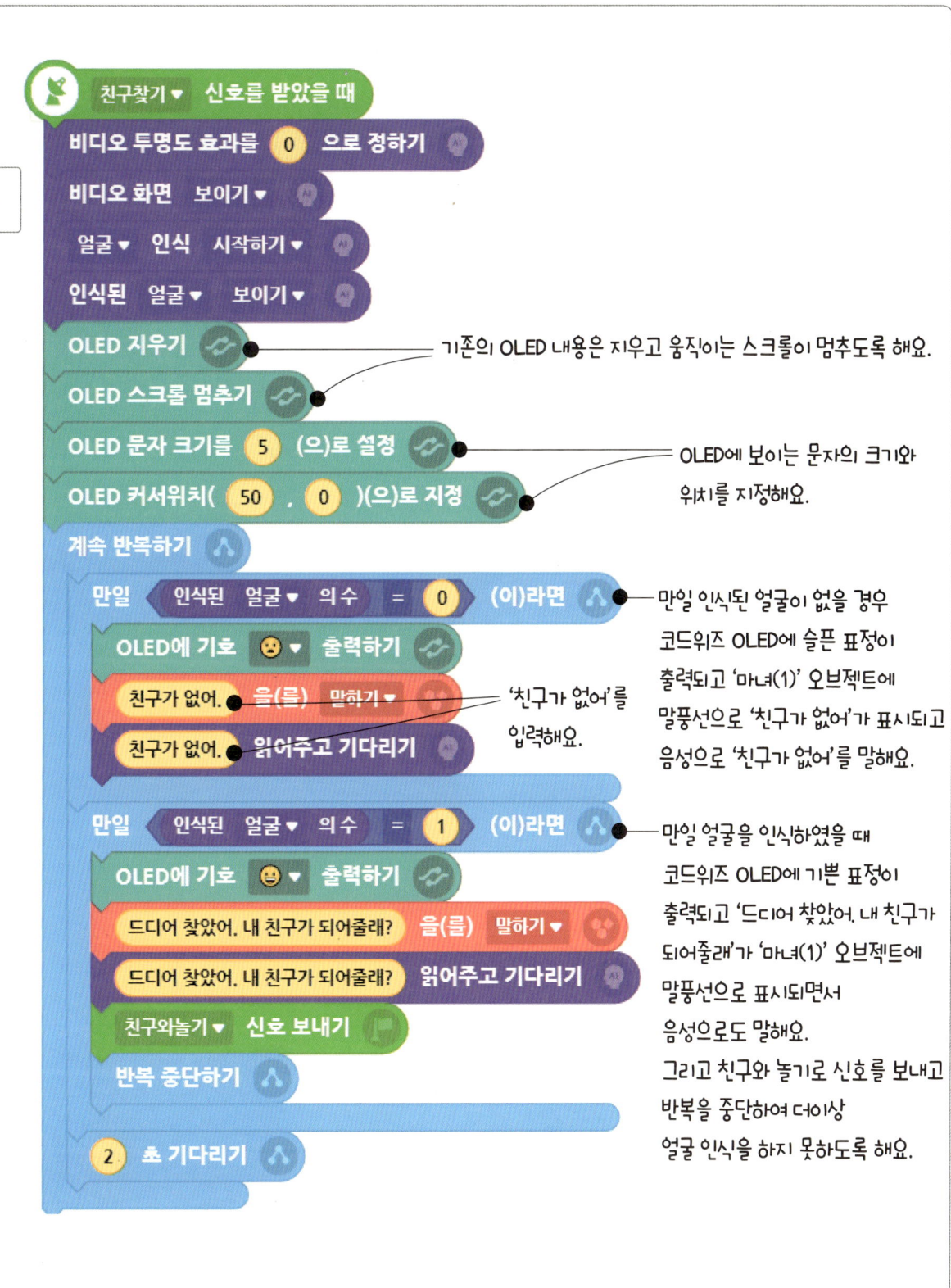

# 코드위즈와 AI

**07** 계속해서 '마녀(1)' 오브젝트를 선택한 상태에서 코드를 추가해요.

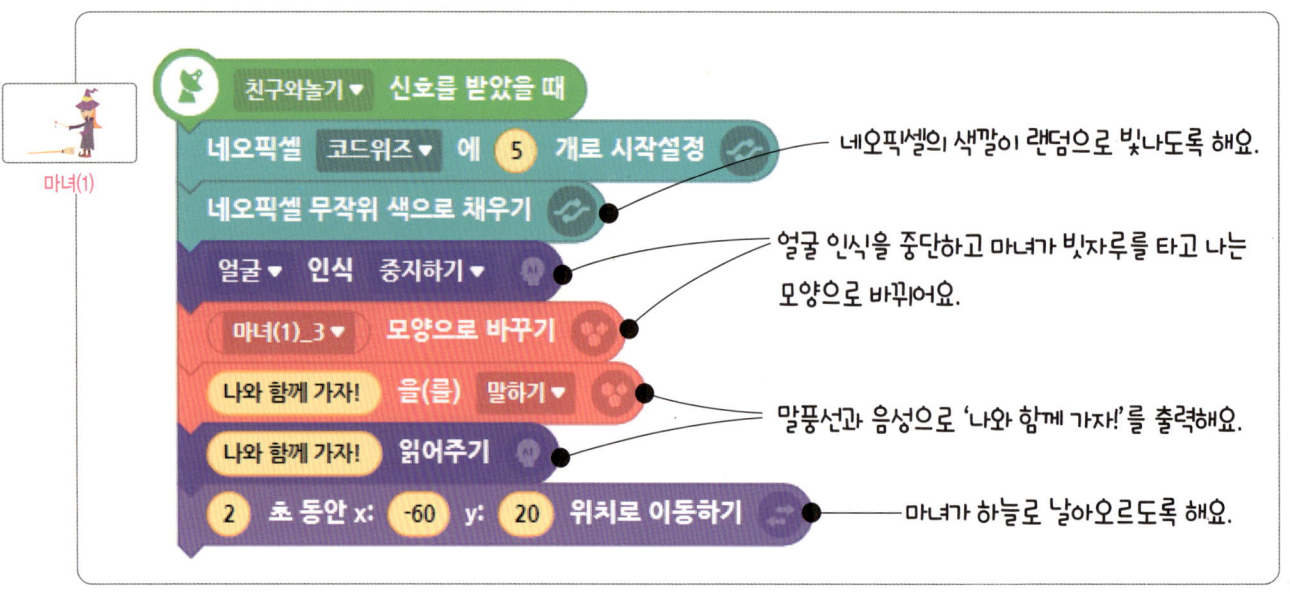

**08** '속이 빈 사각형' 오브젝트를 선택한 상태에서 코드를 작성해요.

**09** '별이 빛나는 숲' 배경 오브젝트를 선택한 상태에서 코드를 작성해요.

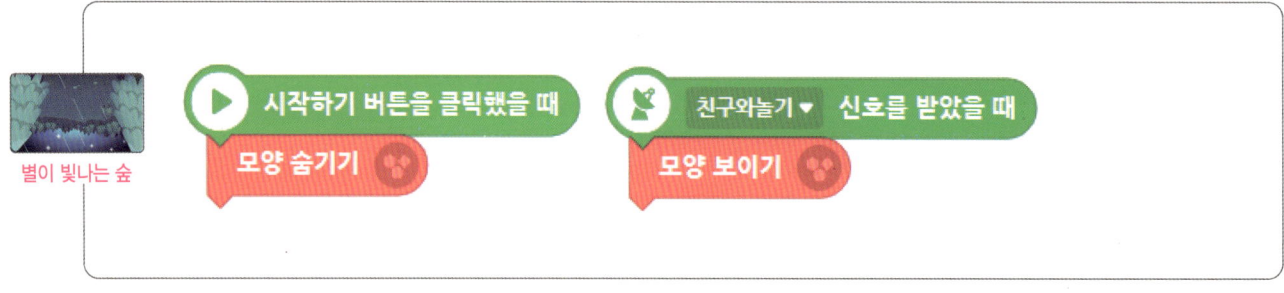

**10** 프로그램을 실행해서 확인해 보아요.

<프로그램을 실행하면 친구를 찾아요.>

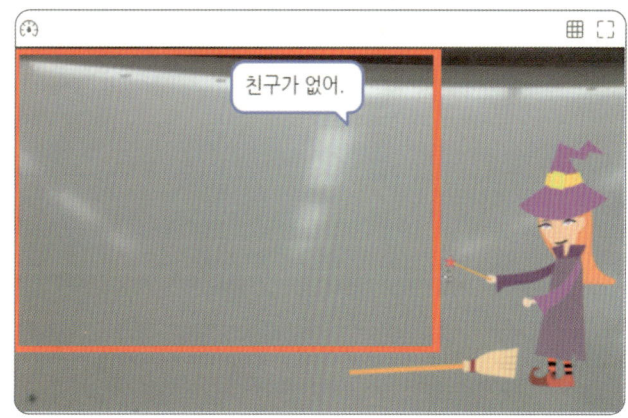
<친구를 찾지 못하면 친구가 없다고 말해요.>

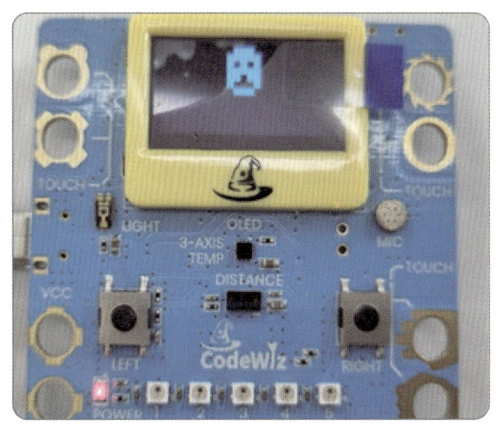
<친구가 없으면 OLED에 슬픈 표정이 출력돼요.>

<친구를 찾게 되면 찾았다고 말해요.>

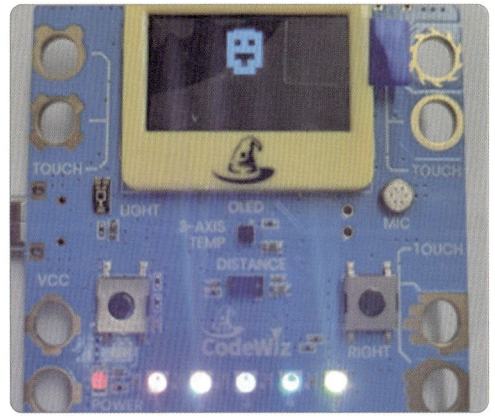
<친구를 찾으면 OLED에 기쁜 표정과 함께 네오픽셀에 불이 켜져요.>

<친구와 놀기 위해 나와 함께 가자고 말해요.>

# 코드위즈와 AI

## 도전하기

스위치 버튼을 이용해 마녀의 움직임을 제어해 보세요.

**Mission 01**  왼쪽 스위치를 누르면 마녀가 오른쪽에서 왼쪽으로, 오른쪽 스위치를 누르면 왼쪽에서 오른쪽으로 날아가도록 코드를 수정해 보세요.

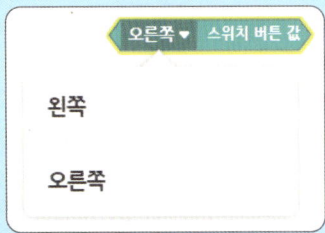

**Mission 02**  스위치 버튼을 눌러 마녀를 왼쪽 또는 오른쪽으로 움직일 때 다음 블록을 사용해 네오픽셀의 색깔에도 변화를 주세요.

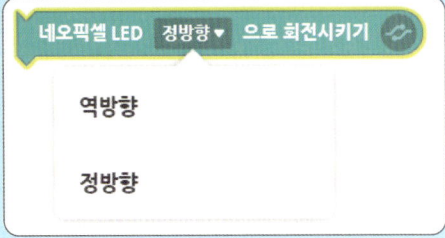

## 읽을거리

### 실종 어린이도 찾아주는 똑똑한 얼굴인식 기술!

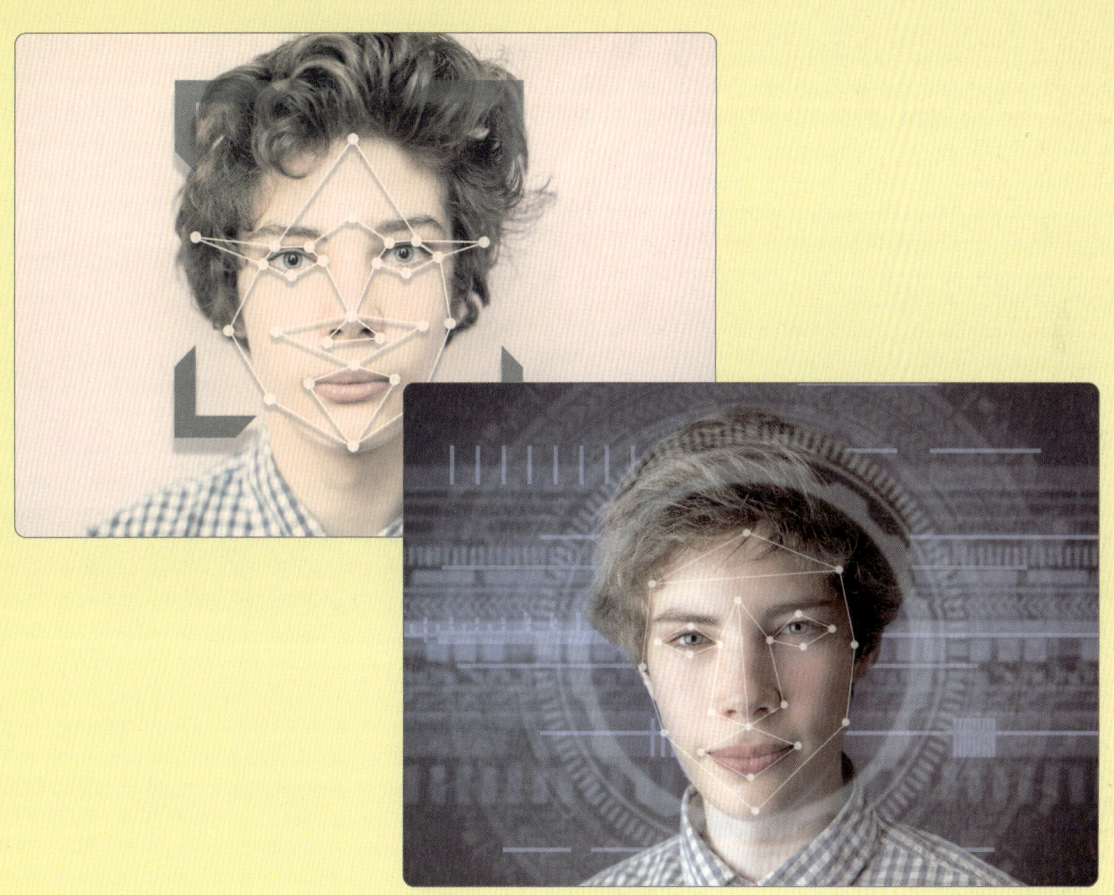

코드위즈로 인공지능의 얼굴인식 기술을 이용해 친구를 만들어 보았나요? 이런 인공지능의 얼굴인식 기술은 우리 사회의 중요한 문제를 해결해 주기도 해요. 실종 아동 신고가 들어왔을 때 실종된 아동의 얼굴을 학습한 인공지능이 곳곳에 설치된 카메라를 이용해 실종 어린이를 보다 빠르게 찾을 수 있어요. 특히 실종된 어린이가 계속해서 이동하는 경우 이동 경로를 예측해 위치를 추적한다고 해요.

실종 어린이뿐 아니라 치매 환자나 지적 장애인의 경우도 집을 찾지 못하고 길을 잃고 헤매는 경우가 많아요. 이런 경우에도 실종 어린이처럼 정확하고 빠르게 얼굴을 인식해 찾을 수 있어요. 심지어 오래전 실종된 사람이라 하더라도 시간의 경과에 따라 얼굴이 어떻게 변했을지 예측해 찾아내기도 한다니 정말 놀랍지요? 인공지능 기술의 발전이 이렇게 우리 사회의 어려운 문제도 척척 해결해 준답니다.

# 5
# 스마트 코드위즈 영어사전

카메라에 물건을 비췄을 때 어떤 물건인지 파악하는 기술을 '사물인식'이라고 해요. 사물인식 기술을 활용하면 무엇을 할 수 있을까요? 바로 이번 장에서 다루는 사물인식 기술을 활용한 영

### 무엇을 배울까?

1. 사물을 인식해 영어로 번역해 주는 프로그램을 만들어 봅니다.
2. 버튼을 눌렀을 때 소리가 나며 번역 결과를 출력하는 코드위즈를 만들어 봅니다.

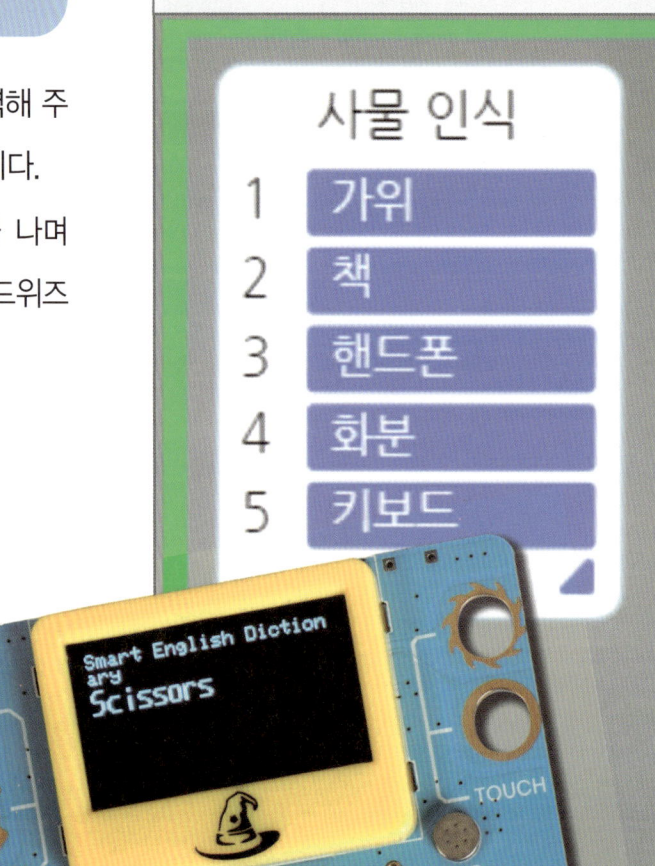

### 준비물
코드위즈 베이직 키트

어사전을 예로 들 수 있어요. 카메라에 물건을 비췄을 때 어떤 물건인지 파악하여 영어로 번역해서 화면이나 코드위즈 OLED에 알려주는 인공지능 장치를 만들어 보아요.

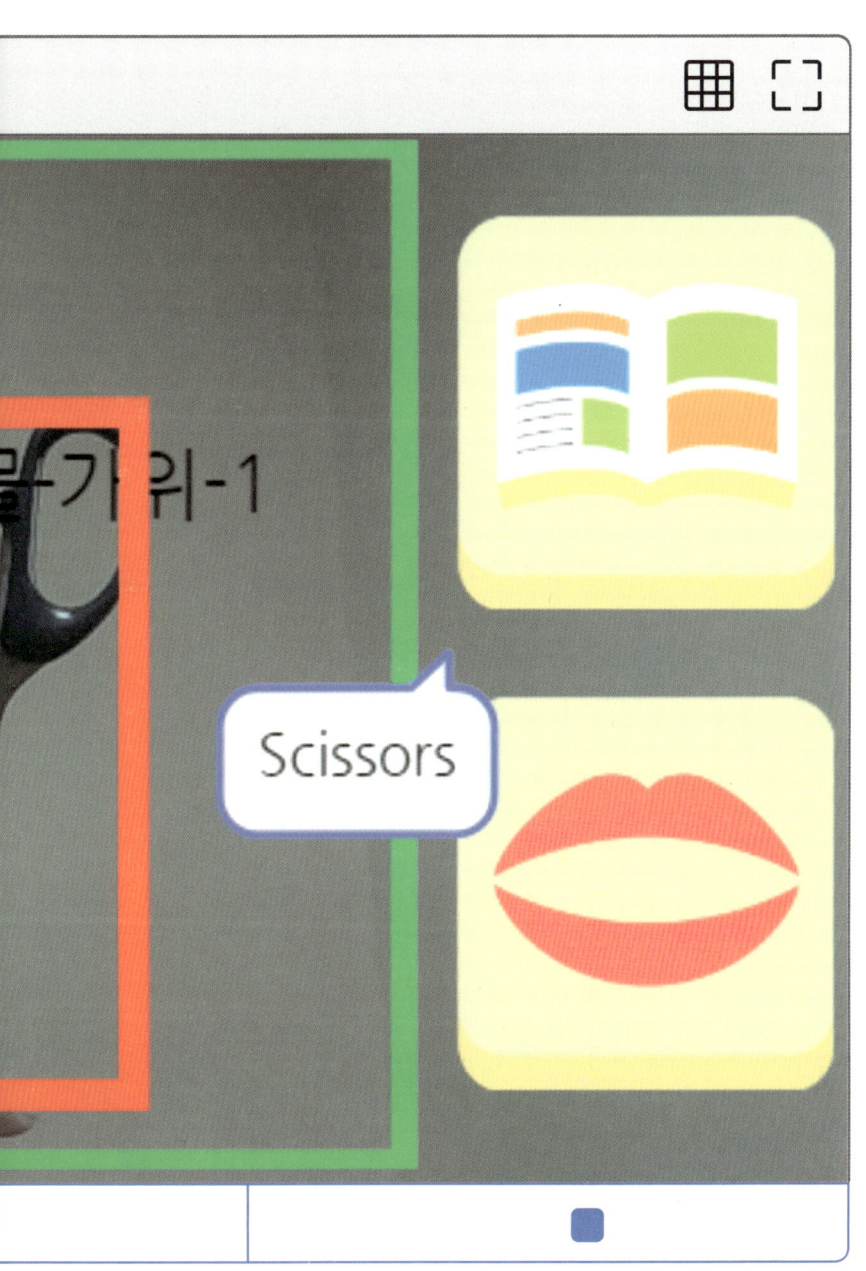

**Q1** 버튼을 누를 때 버튼이 눌러졌음을 확인할 수 있는 쉬운 방법이 있나요?

`스피커를 4♥ 옥타브, 도♥ 음, 4♥ 분음표로 연주하기` 블록을 사용하면 버튼이 눌러졌을 때 소리가 나서 쉽게 확인할 수 있습니다. 1옥타브부터 7옥타브까지 정해줄 수 있고, 원하는 계이름과 박자로 연주하도록 할 수 있는 블록입니다.

# 코드위즈와 AI

## 필요한 오브젝트 추가하기

**01** 기본 오브젝트를 삭제하고 [오브젝트 추가하기] 버튼을 눌러요.

**02** 오브젝트 추가하기 페이지의 상단 오른쪽 검색 창에 '속이'를 입력해요. '속이 빈 사각형' 오브젝트를 추가해요.

**03** 이번에는 검색 창에 '말하기'를 입력해요. '말하기 버튼' 오브젝트를 추가해요.

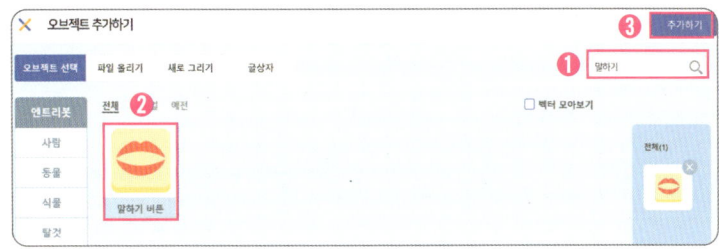

04 마지막으로 검색 창에 '책'을 입력해 '책 버튼' 오브젝트를 추가해요.

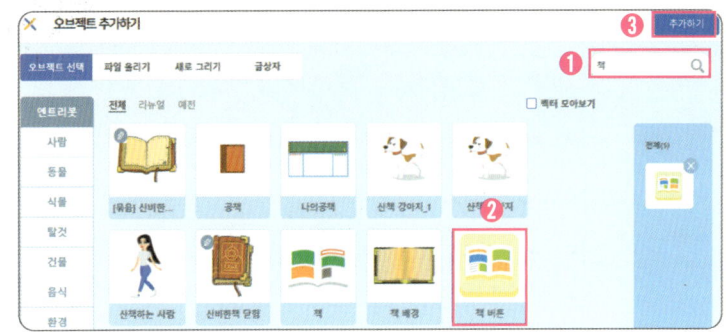

05 그림처럼 오브젝트를 배치하고, '속이 빈 사각형' 오브젝트의 모양탭으로 가서 모양의 색깔을 원하는 색깔로 바꿔요.

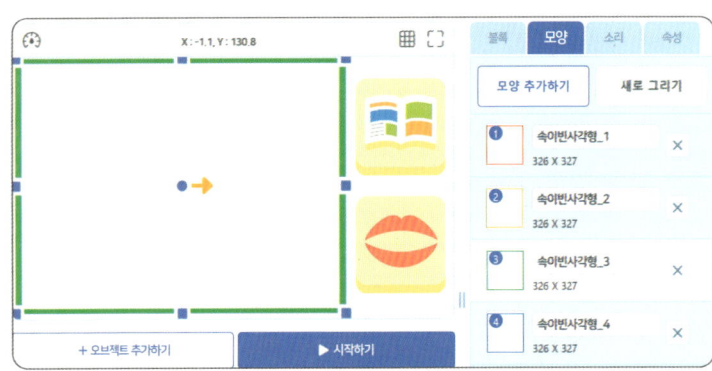

## 사물 인식해서 번역해 주는 장치 만들기

01 '속이 빈 사각형' 오브젝트를 선택한 상태에서 필요한 인공지능 블록을 추가해요.

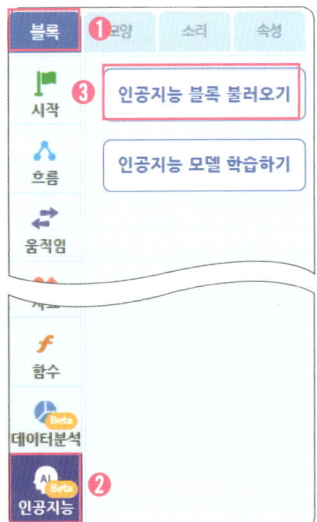

**02** [속성] 탭으로 이동하여 '사물 인식' 리스트를 추가해요. 그리고 리스트 항목 수를 5개로 정하고 1번 항목에 '가위', 2번 항목에 '책', 3번 항목에 '핸드폰', 4번 항목에 '화분', 5번 항목에 '키보드'를 입력해요. 실제로 사물인식 시킬 사물의 이름으로 입력해도 좋아요.

블록
모양
소리
❶ 속성
전체
변수
신호
❷ 리스트
함수
사물 인식
리스트 속성
❸ 리스트 내보내기
리스트 불러오기
리스트 항목 수
5
❹
1 가위
2 책
3 핸드폰
4 화분
5 키보드


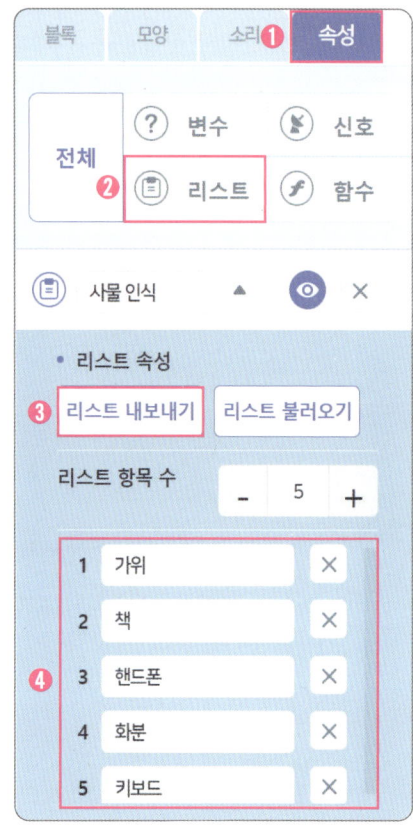

**03** '시작하기 버튼을 클릭했을 때' 블록 아래에 다음과 같이 코드를 작성해요.

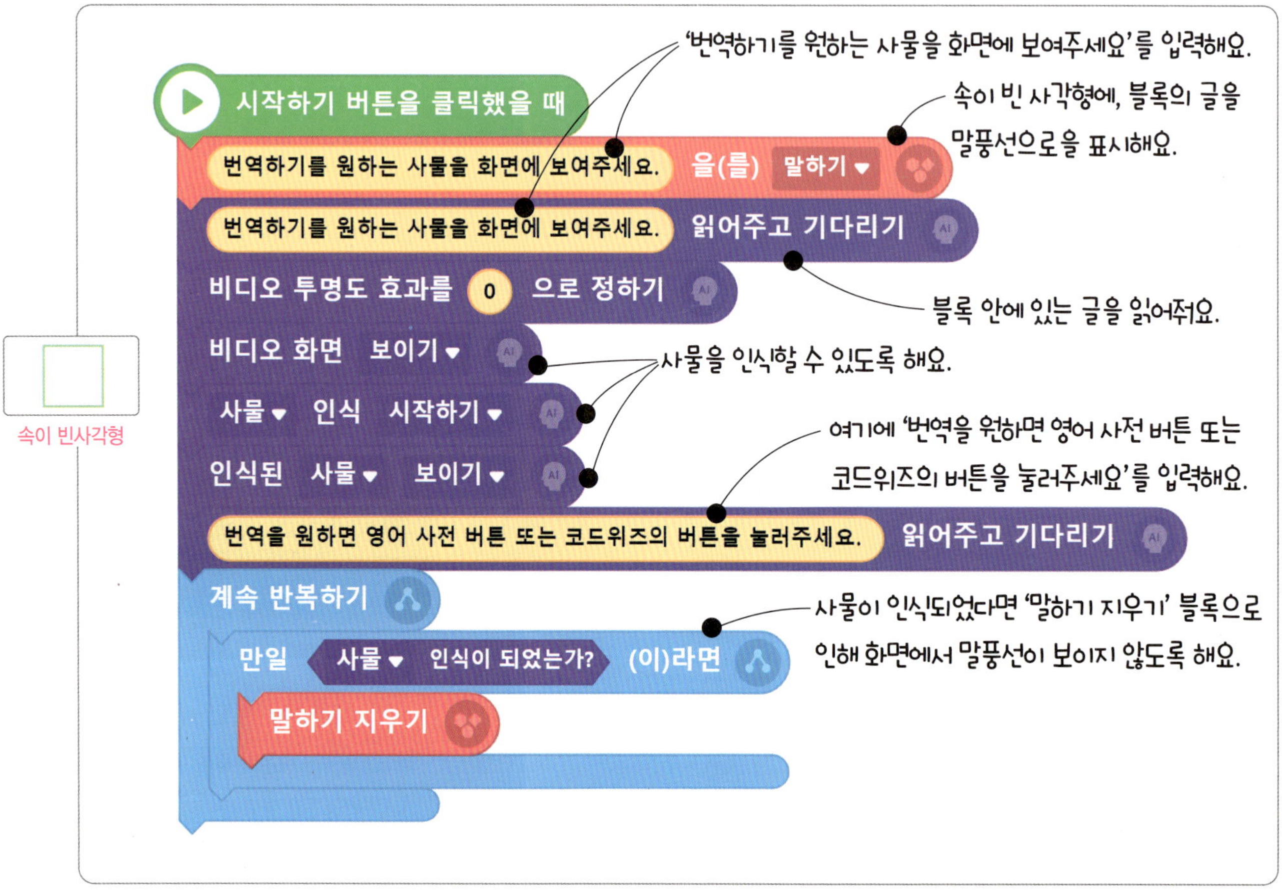

시작하기 버튼을 클릭했을 때
번역하기를 원하는 사물을 화면에 보여주세요. 을(를) 말하기
번역하기를 원하는 사물을 화면에 보여주세요. 읽어주고 기다리기
비디오 투명도 효과를 0 으로 정하기
비디오 화면 보이기
사물 인식 시작하기
인식된 사물 보이기
번역을 원하면 영어 사전 버튼 또는 코드위즈의 버튼을 눌러주세요. 읽어주고 기다리기
계속 반복하기
만일 사물 인식이 되었는가? (이)라면
말하기 지우기
'번역하기를 원하는 사물을 화면에 보여주세요'를 입력해요.
속이 빈 사각형에, 블록의 글을 말풍선으로을 표시해요.
블록 안에 있는 글을 읽어줘요.
사물을 인식할 수 있도록 해요.
여기에 '번역을 원하면 영어 사전 버튼 또는 코드위즈의 버튼을 눌러주세요'를 입력해요.
사물이 인식되었다면 '말하기 지우기' 블록으로 인해 화면에서 말풍선이 보이지 않도록 해요.
속이 빈사각형

**04** 이번에는 '책 버튼' 오브젝트를 선택한 상태에서 코드를 작성해요.

만약에 사물이 인식되었으면 사물을 영어로 번역하여 말풍선으로 표시하고, 코드위즈 OLED에 영어로 출력해요.

**05** 계속해서 '책 버튼' 오브젝트를 선택한 상태에서 코드를 작성해요.

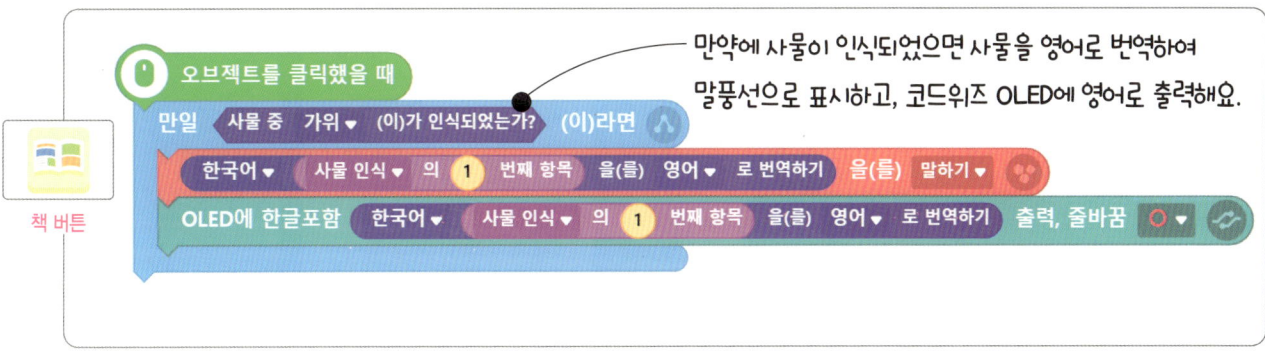

# 코드위즈와 AI

**06** 계속해서 '책 버튼' 오브젝트를 선택한 상태에서 코드를 작성해요.

여기에 'Smart English Dictionary'를 입력하면 코드위즈 OLED에 출력이 돼요.

만약에 왼쪽 또는 오른쪽 버튼이 눌러졌을 때 스피커를 통해 소리를 내요.

```
시작하기 버튼을 클릭했을 때
OLED 지우기
OLED에 Smart English Dictionary 출력
계속 반복하기
  만일 <왼쪽 스위치 버튼 값> 또는 <오른쪽 스위치 버튼 값> (이)라면
    스피커를 4 옥타브, 솔 음, 4 분음표로 연주하기
```

**07** 계속해서 '책 버튼' 오브젝트를 선택한 상태에서 다음과 같이 코드를 작성해요.

```
시작하기 버튼을 클릭했을 때
OLED 지우기
OLED에 Smart English Dictionary 출력
계속 반복하기
  만일 <왼쪽 스위치 버튼 값> 또는 <오른쪽 스위치 버튼 값> (이)라면
    만일 <사물 중 가위 (이)가 인식되었는가?> (이)라면
      한국어 사물 인식 의 1 번째 항목 을(를) 영어로 번역하기 을(를) 말하기
      OLED에 한글포함 한국어 사물 인식 의 1 번째 항목 을(를) 영어로 번역하기 출력, 줄바꿈
    만일 <사물 중 책 (이)가 인식되었는가?> (이)라면
      한국어 사물 인식 의 2 번째 항목 을(를) 영어로 번역하기 을(를) 말하기
      OLED에 한글포함 한국어 사물 인식 의 2 번째 항목 을(를) 영어로 번역하기 출력, 줄바꿈
    만일 <사물 중 핸드폰 (이)가 인식되었는가?> (이)라면
      한국어 사물 인식 의 3 번째 항목 을(를) 영어로 번역하기 을(를) 말하기
      OLED에 한글포함 한국어 사물 인식 의 3 번째 항목 을(를) 영어로 번역하기 출력, 줄바꿈
    만일 <사물 중 화분 (이)가 인식되었는가?> (이)라면
      한국어 사물 인식 의 4 번째 항목 을(를) 영어로 번역하기 을(를) 말하기
      OLED에 한글포함 한국어 사물 인식 의 4 번째 항목 을(를) 영어로 번역하기 출력, 줄바꿈
    만일 <사물 중 키보드 (이)가 인식되었는가?> (이)라면
      한국어 사물 인식 의 5 번째 항목 을(를) 영어로 번역하기 을(를) 말하기
      OLED에 한글포함 한국어 사물 인식 의 5 번째 항목 을(를) 영어로 번역하기 출력, 줄바꿈
```

**08** '말하기 버튼' 오브젝트를 선택한 상태에서 코드를 작성해요

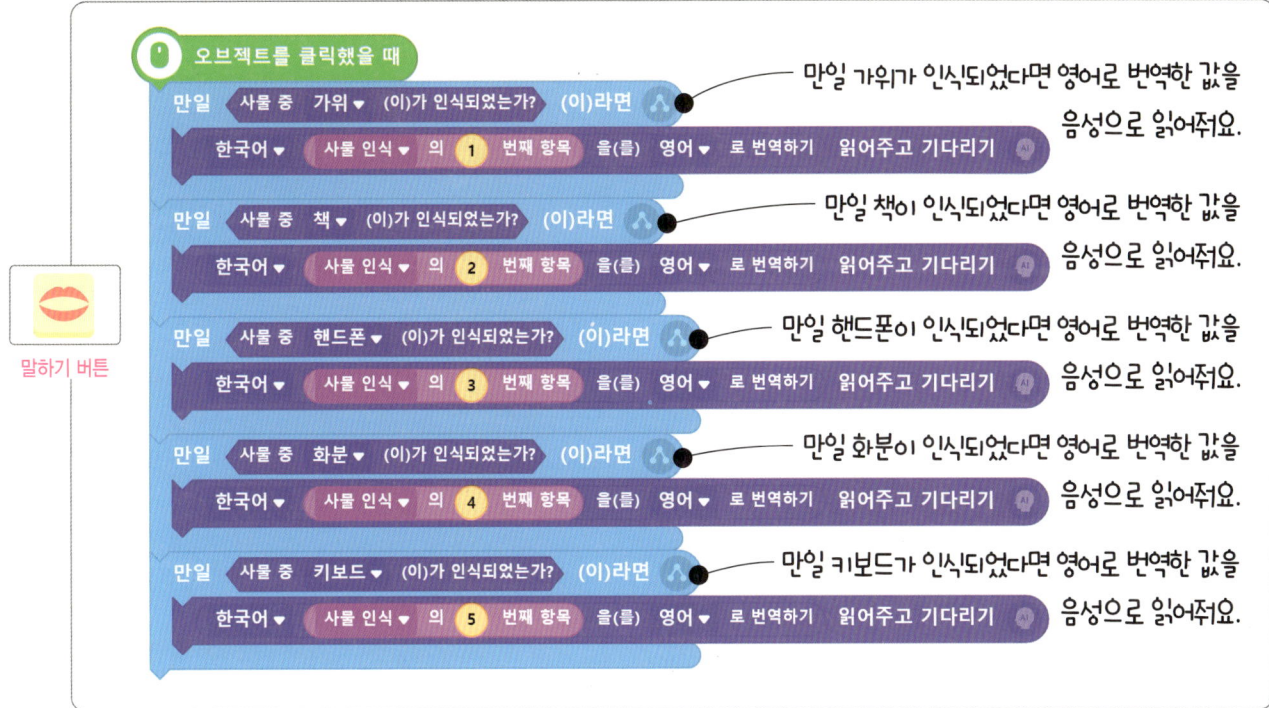

# 코드위즈와 AI

**09** 프로그램을 실행해 화면에 사물을 인식시켜요.

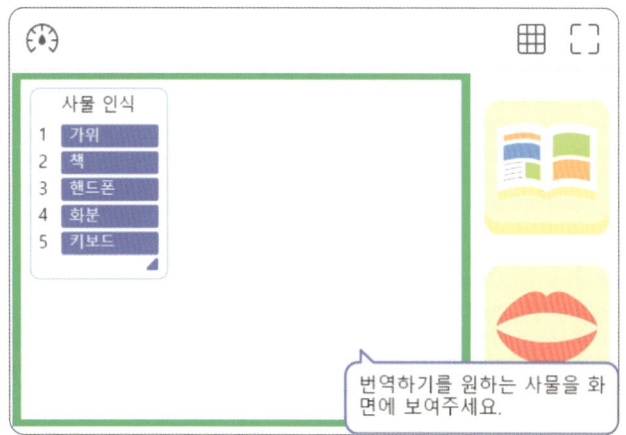
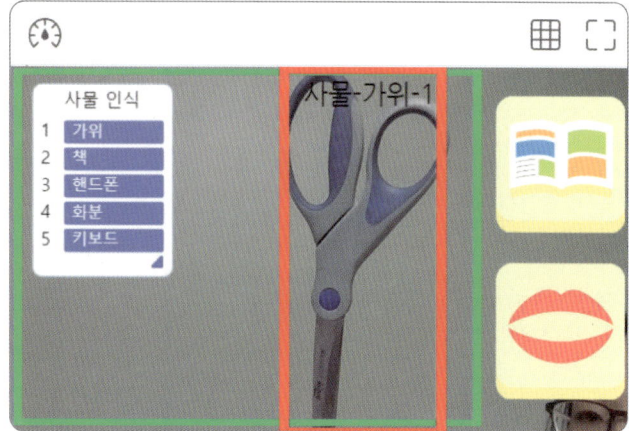
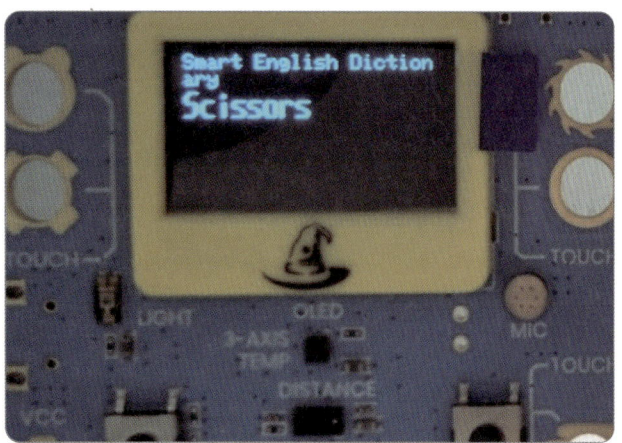
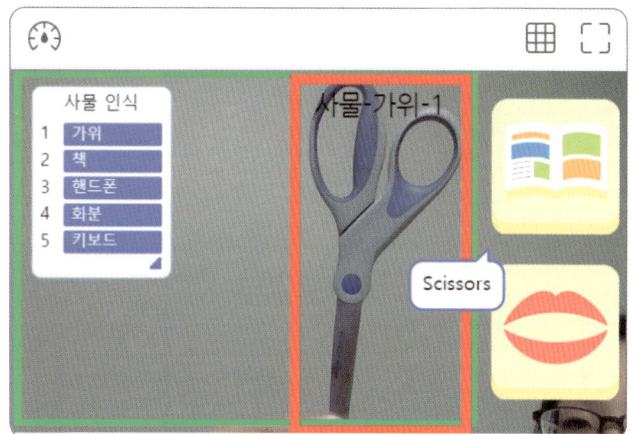

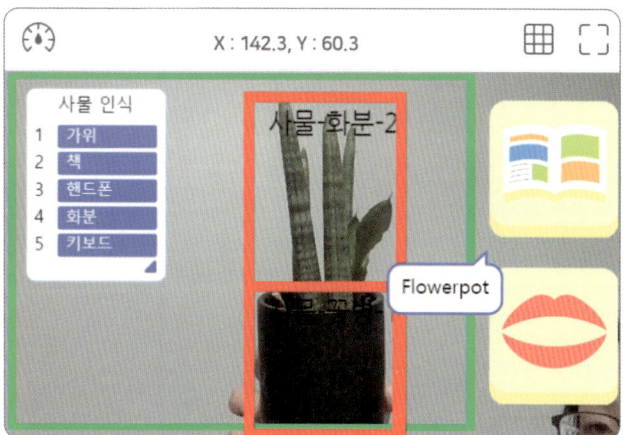

# 도전하기

X 버튼 오브젝트를 추가한 뒤 X 버튼을 눌렀을 때 OLED 화면이 깨끗하게 지워진 뒤 반전 모드를 전환해요.

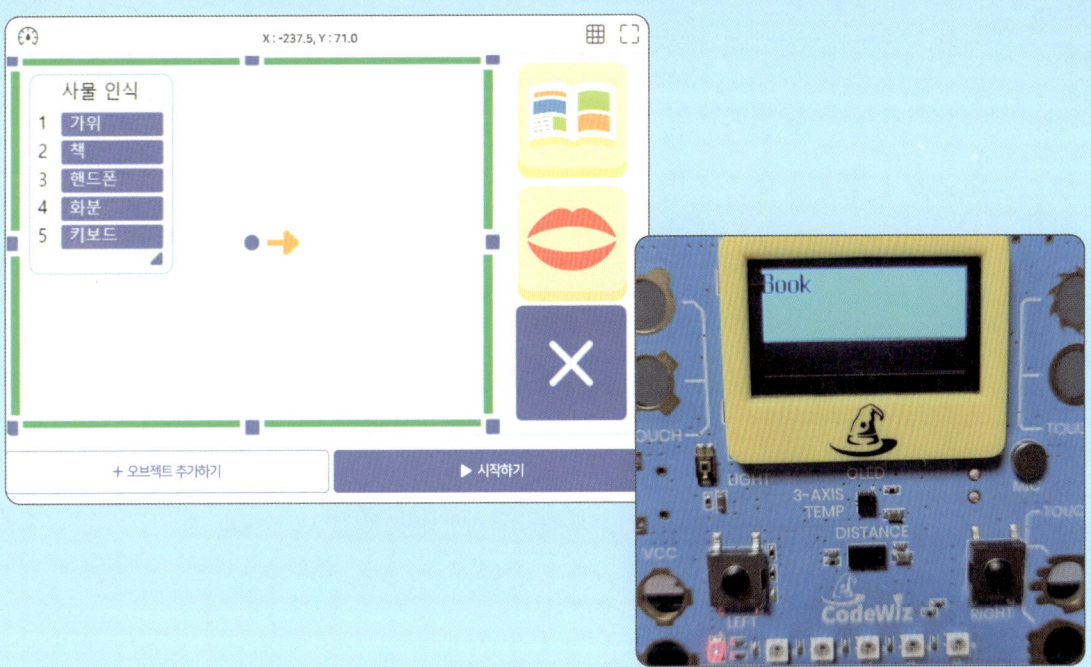

**Mission 01**   OLED의 화면이 깨끗하게 지워지도록 코드를 수정해 보세요.

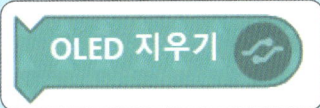

**Mission 02**   반전 모드로 인식시킨 사물을 번역한 값이 화면에 보이도록 해요.

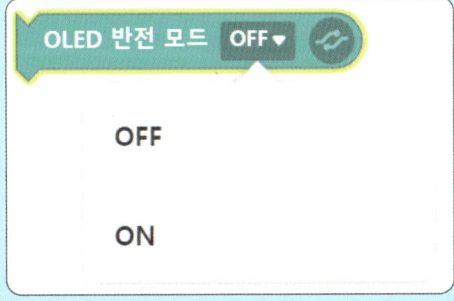

## 6 거울아! 거울아! 내 마음을 알아줘!

인공지능이 얼굴 인식은 물론이고 감정까지 알려줄 수 있어요. 내 마음을 알아주는 인공지능이 있다는 것은 로봇이 사람의 눈치를 보고 행동을 할 수 있다는 것을 의미하겠죠? 여기에서는 코드

### 무엇을 배울까?

1. 감정을 인식해 마음을 알아주는 프로그램을 만들어 봅니다.
2. 감정을 읽는 거울을 선으로 그리고, 감정인식의 결과를 알려주는 코드위즈를 만들어 봅니다.

**준비물**
코드위즈 베이직 키트

# Coding School

위즈를 이용해 감정을 인식해 사람의 마음을 알아주는 장치를 만들어 보아요.

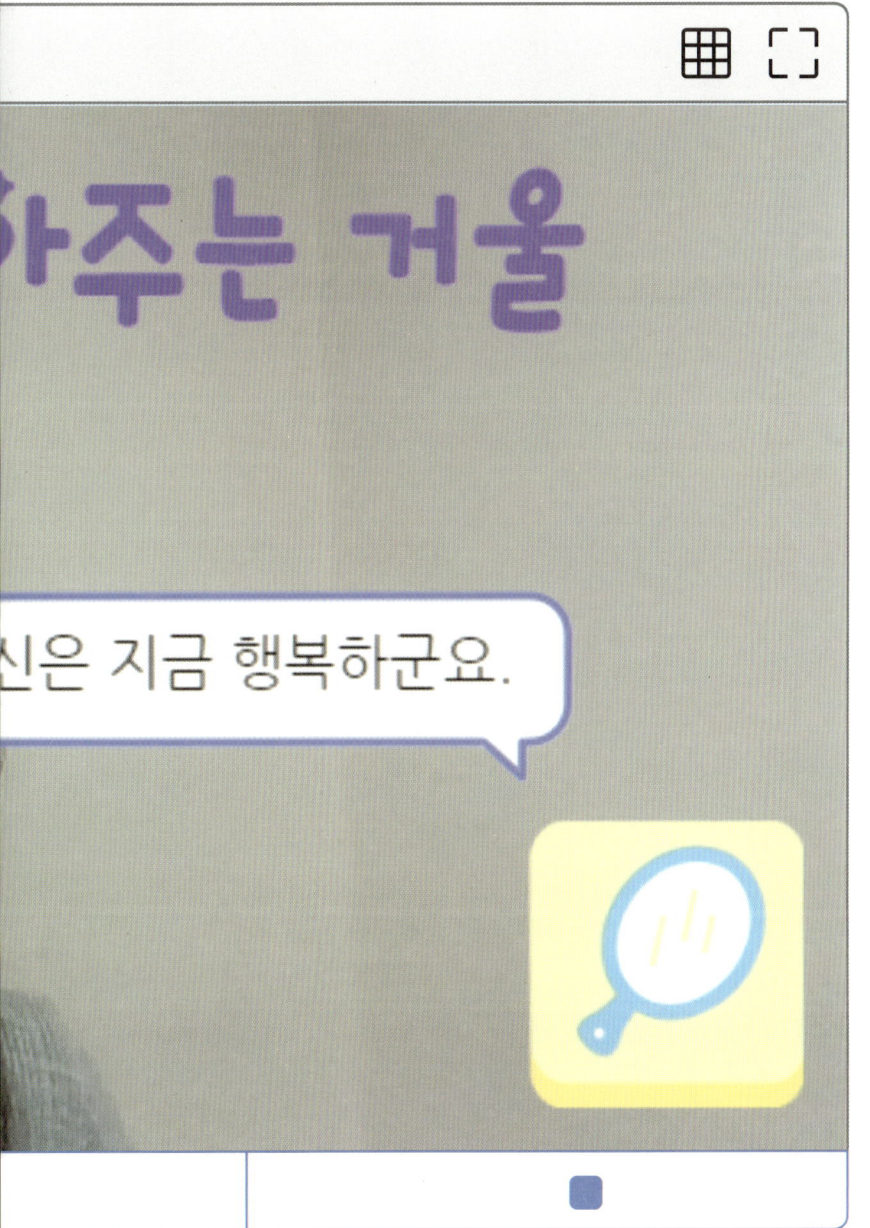

**Q1** OLED 화면에 원하는 그림이나 도형을 만들 수 있나요?

`OLED 선 그리기 시작( 0 , 0 ) 끝( 10 , 0 ) 흰색` 블록을 사용하면 선 그리기를 할 수 있습니다. 선 그리기의 시작 좌표와 끝 좌표를 이용해 선을 그리면 사각형, 삼각형 등의 도형도 그릴 수 있답니다. 선의 색깔은 흰색 또는 검은색으로 정할 수 있습니다.

# 코드위즈와 AI

## 필요한 오브젝트 추가하기

**01** 기본 오브젝트를 삭제하고 [오브젝트 추가하기] 버튼을 눌러요.

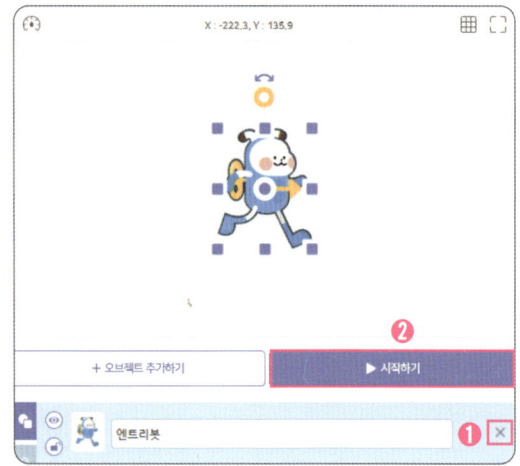

**02** 오브젝트 추가하기 페이지의 상단 오른쪽 검색 창에 '거울'을 입력해서 '거울' 오브젝트를 추가해요.

**03** 이번에는 오브젝트 추가하기에서 '글상자'를 선택해요.

**04** 글상자에 '내 마음을 알아주는 거울'을 입력하고 글꼴은 '산돌 별이 샤방샤방', 스타일은 진하게, 글자색은 보라색, 배경색은 채우기 없음으로 선택해요.

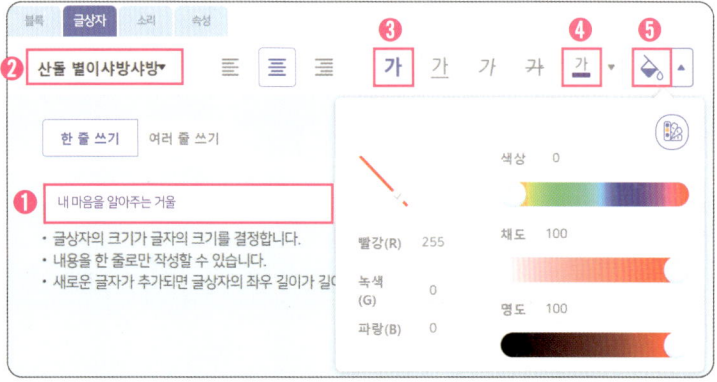

05 그림처럼 오브젝트를 배치해요.

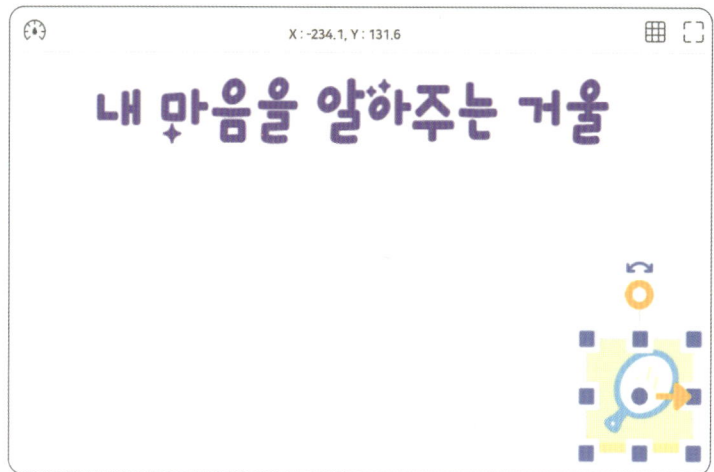

## 감정을 인식해 알려주는 장치 만들기

01 글상자 오브젝트를 선택한 상태에서 필요한 인공지능 블록을 추가해요.

02 [속성] 탭으로 이동하여 '감정 읽기' 신호를 추가해요.

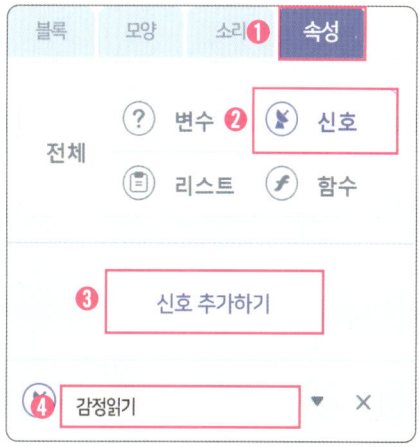

**03** '거울 버튼' 오브젝트를 선택한 상태에서 코드를 작성해요.

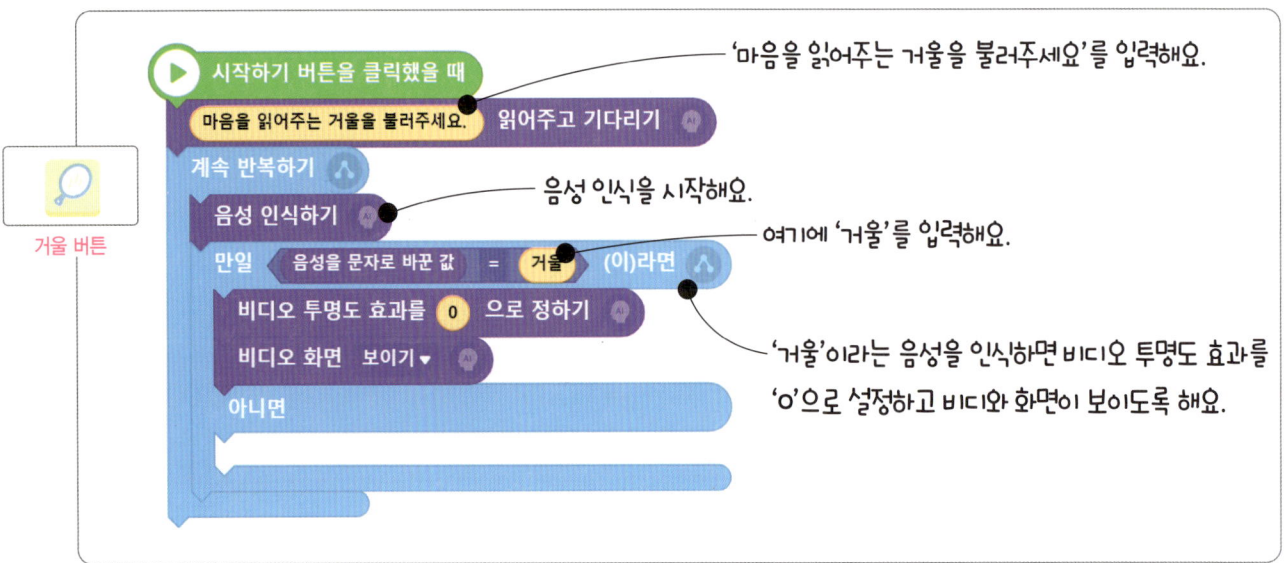

시작하기 버튼을 클릭했을 때
마음을 읽어주는 거울을 불러주세요. 읽어주고 기다리기
계속 반복하기
음성 인식하기
만일 음성을 문자로 바꾼 값 = 거울 (이)라면
비디오 투명도 효과를 0 으로 정하기
비디오 화면 보이기
아니면
'마음을 읽어주는 거울을 불러주세요'를 입력해요.
음성 인식을 시작해요.
여기에 '거울'를 입력해요.
'거울'이라는 음성을 인식하면 비디오 투명도 효과를 '0'으로 설정하고 비디와 화면이 보이도록 해요.
거울 버튼

**04** 계속해서 OLED 지우기 블록을 연결해서 코드위즈 화면이 깨끗이 지워지고 선을 그려서 거울을 만들고 '감정읽기'에 신호를 보내도록 코드를 추가해요.

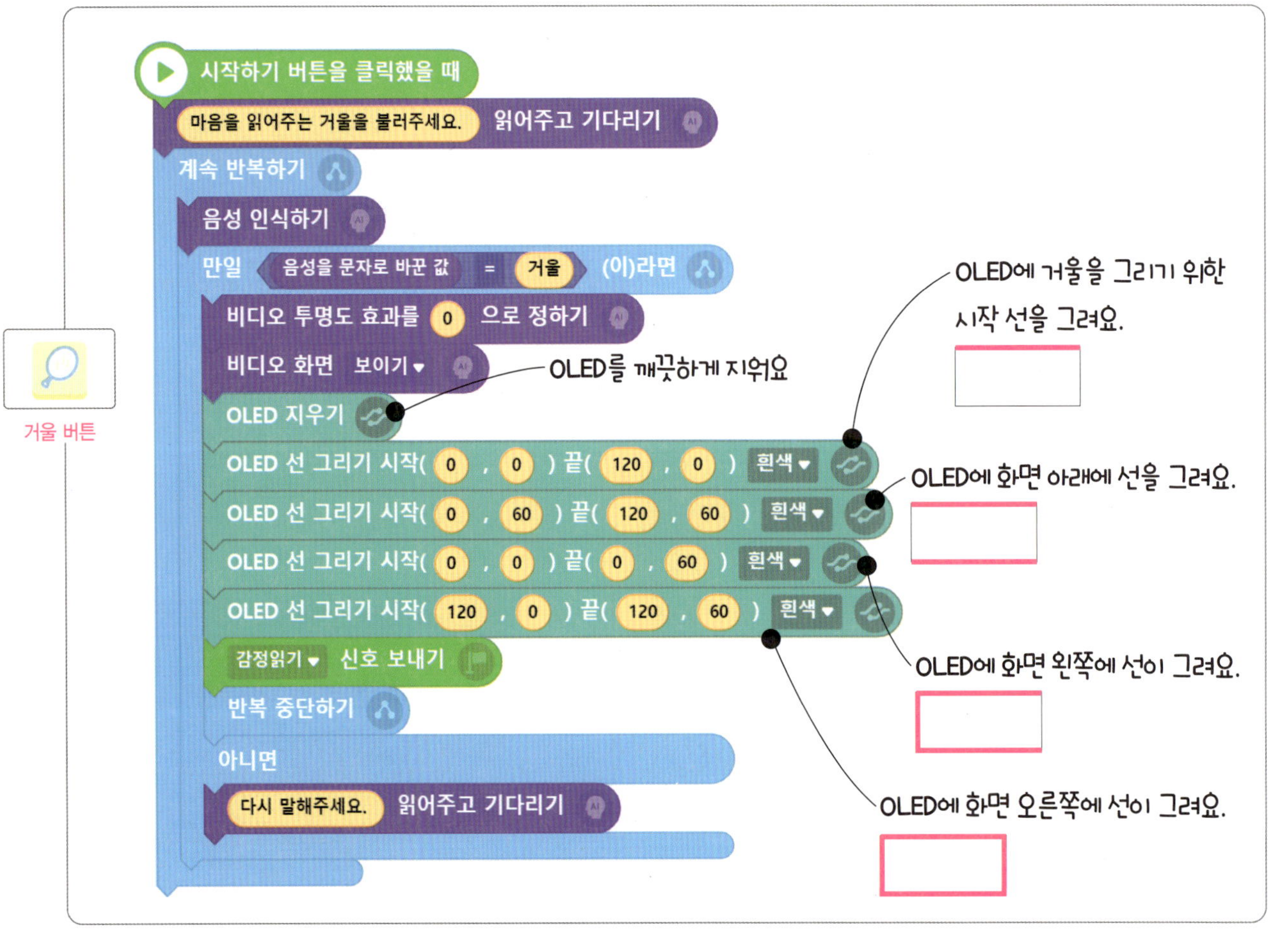

시작하기 버튼을 클릭했을 때
마음을 읽어주는 거울을 불러주세요. 읽어주고 기다리기
계속 반복하기
음성 인식하기
만일 음성을 문자로 바꾼 값 = 거울 (이)라면
비디오 투명도 효과를 0 으로 정하기
비디오 화면 보이기
OLED 지우기
OLED 선 그리기 시작( 0 , 0 ) 끝( 120 , 0 ) 흰색
OLED 선 그리기 시작( 0 , 60 ) 끝( 120 , 60 ) 흰색
OLED 선 그리기 시작( 0 , 0 ) 끝( 0 , 60 ) 흰색
OLED 선 그리기 시작( 120 , 0 ) 끝( 120 , 60 ) 흰색
감정읽기 신호 보내기
반복 중단하기
아니면
다시 말해주세요. 읽어주고 기다리기
OLED를 깨끗하게 지워요
OLED에 거울을 그리기 위한 시작 선을 그려요.
OLED에 화면 아래에 선을 그려요.
OLED에 화면 왼쪽에 선이 그려요.
OLED에 화면 오른쪽에 선이 그려요.
거울 버튼

**05** 계속해서 ‘거울 버튼’ 오브젝트를 선택한 상태에서 코드를 작성해요.

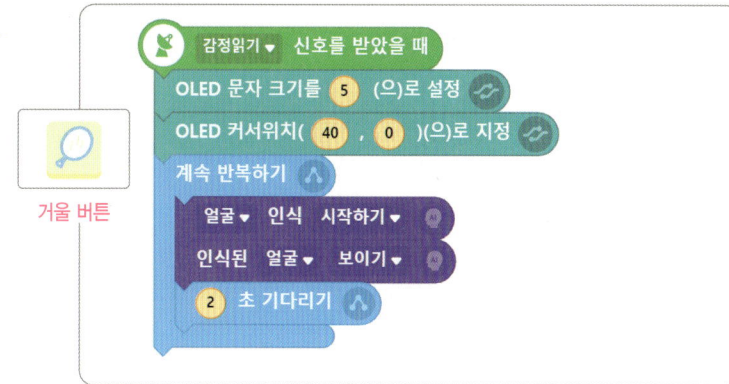

거울 버튼

**06** 계속해서 코드를 추가해요.

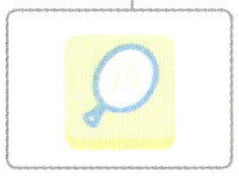

거울 버튼

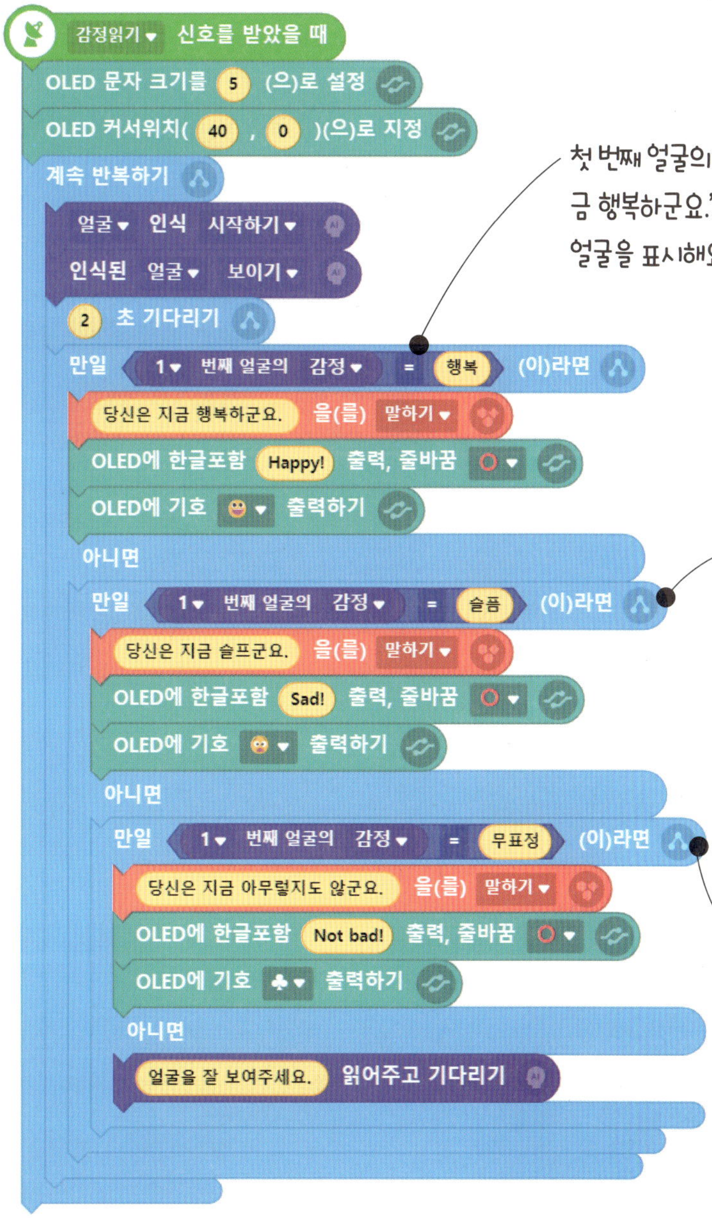


첫 번째 얼굴의 감정이 행복이라면 말풍선으로 ‘당신은 지금 행복하군요.’를 표시하고 OLED 화면에 ‘Happy!’와 웃는 얼굴을 표시해요.

첫 번째 얼굴의 감정이 슬픔이라면 말풍선으로 ‘당신은 지금 슬프군요.’를 표시하고 OLED 화면에 ‘Sad!’와 슬픈 얼굴을 표시해요.

첫 번째 얼굴의 감정이 무표정이라면 말풍선으로 ‘당신은 지금 아무렇지도 않군요.’를 표시하고 OLED 화면에 ‘Not bad!’와 ♣를 표시해요.

# 코드위즈와 AI

 **07** 프로그램을 실행하면 거울이 음성인식을 시작해요. '거울'을 말하면 얼굴인식을 시작해요.

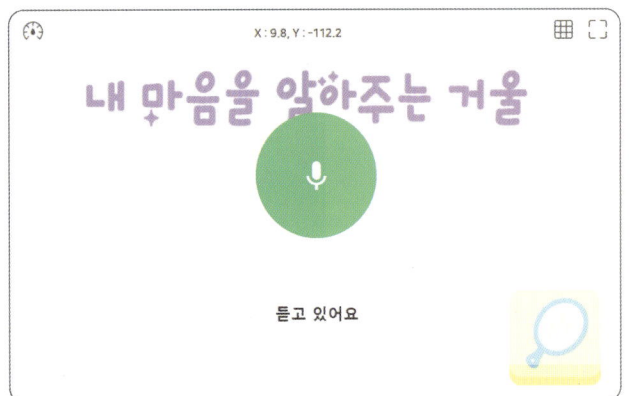
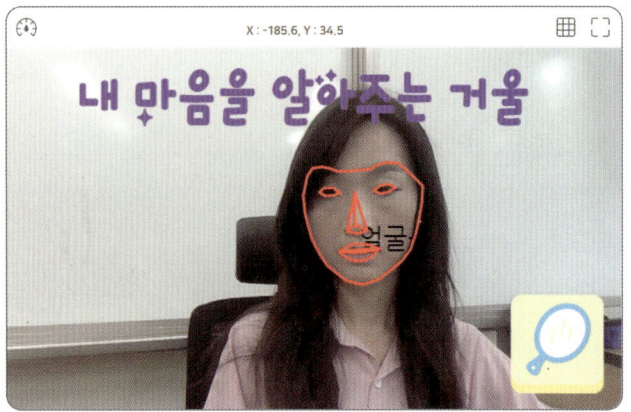

얼굴 인식으로 웃는 모습이 찍혔을 때

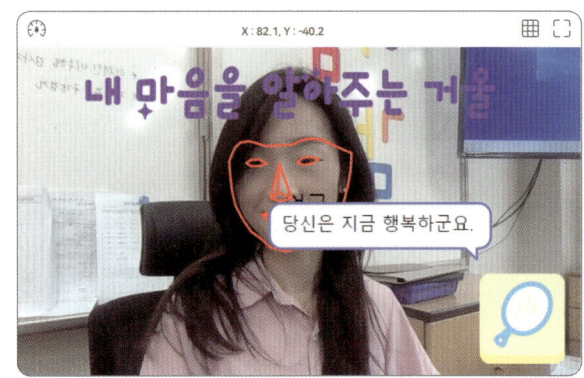

얼굴 인식으로 슬픈 모습이 찍혔을 때

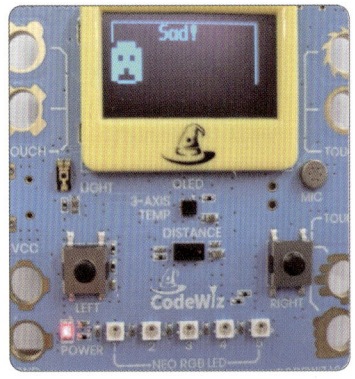
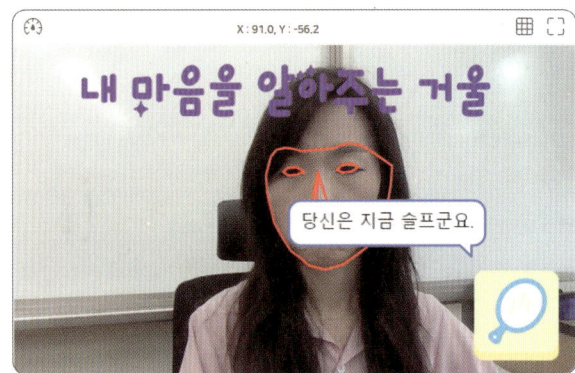

얼굴 인식으로 평범한 모습이 찍혔을 때

# 도전하기

OLED 화면에 거울을 그리는 방법을 더 생각해 보세요.

**Mission 01**  아래의 블록을 이용해 거울을 그려보도록 해요

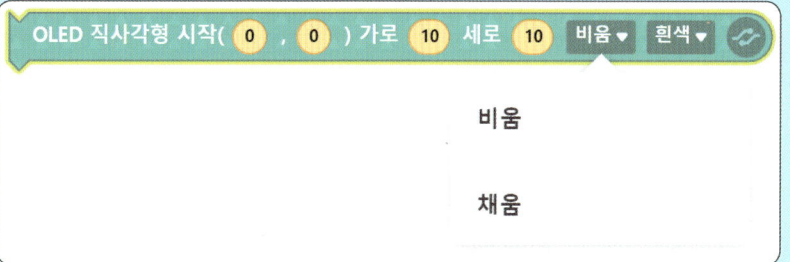

**Mission 02**  아래의 블록을 이용해 거울을 그려보도록 해요

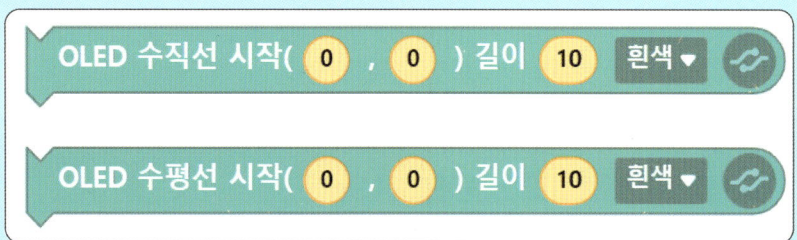

# 7

## 날 따라 해봐요, 이렇게!

운동을 할 때 동작을 올바르게 했는지 정확한 판단을 해 주는 인공지능이 있다면 많은 도움이 되겠지요? 카메라를 통해 운동하는 동작을 올바르게 수행하였을 때 점수를 획득할 수 있는 게임

### 무엇을 배울까?

1. 화면에 보이는 동작을 따라하는 프로그램을 만들어 봅니다.
2. 화면에 보이는 동작을 따라 했을 때 점수를 획득하고, 획득한 점수를 알려주는 코드위즈를 만들어 봅니다.

**준비물**

코드위즈 베이직 키트

이 있다면 게임을 즐겁게 할 수 있을 것입니다. 이번 장에서는 동작을 따라했을 때 점수를 획득하는 인공지능 장치를 만들어 보아요.

**Q1** 획득한 점수를 OLED 화면에 보이게 할 수 있나요?

`OLED에 [점수▼] [값] 출력`

`OLED에 [SCOER:] + [점수▼] [값] 출력`

다음과 같이 블록을 조합하면 게임 등의 상황에서 획득한 점수를 코드위즈의 OLED 화면에 보이게 할 수 있습니다.

# 코드위즈와 AI

## 필요한 오브젝트 추가하기

**01** 기본 오브젝트를 삭제하고 [오브젝트 추가하기] 버튼을 눌러요.

**02** 오브젝트 추가하기 페이지의 상단 오른쪽 검색 창에 '다양한'을 입력해서 '다양한 표정 엔트리봇' 오브젝트를 추가해요.

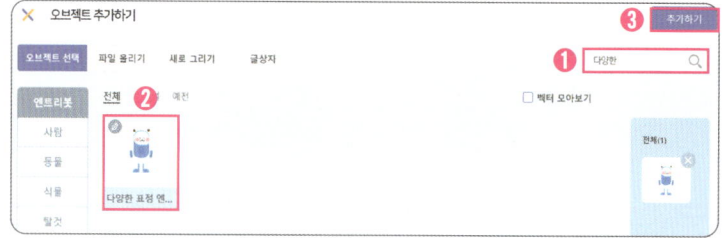

**03** '다양한 표정 엔트리봇' 오브젝트를 선택한 상태에서 [모양] 탭으로 가면 9개의 엔트리 모양을 확인할 수 있어요. 그중에서 9, 8, 7, 6, 4번 모양을 순서대로 삭제하고 4개 모양만 남겨요.

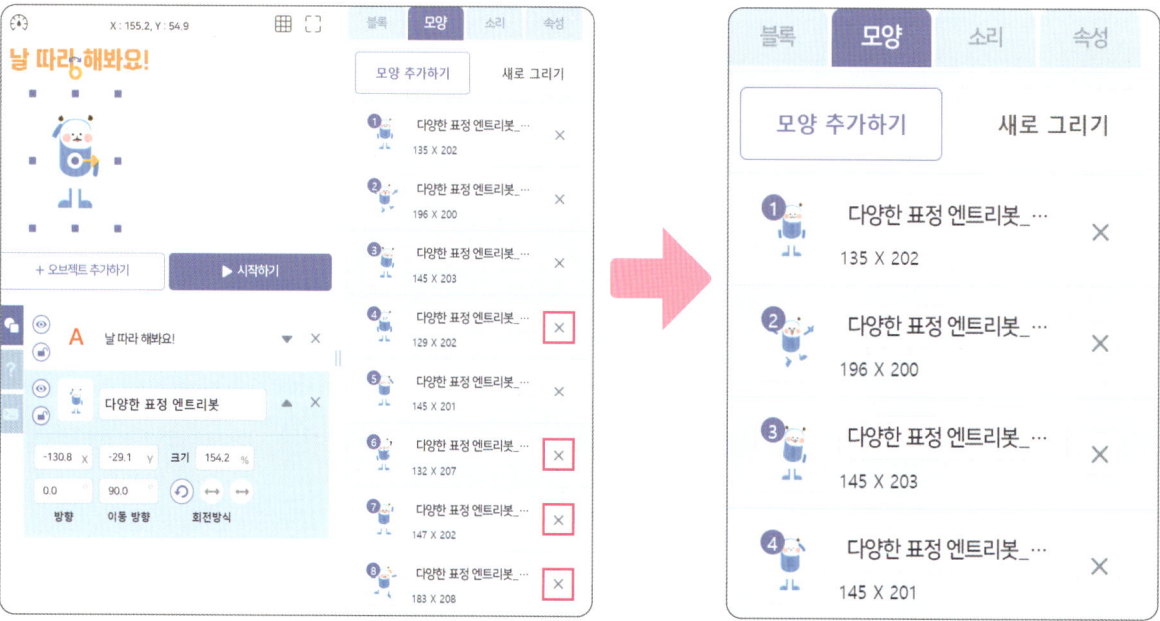

04 남긴 모양의 이름을 각각 '기본 자세', '동작1', '동작2', '동작3'으로 수정해요.

05 '기본 자세'는 모양 1번으로 차렷 자세, '동작1'은 모양 2번으로 만세 자세, '동작2'는 모양 3번으로 한 손을 든 자세, '동작3'은 모양 4번으로 두 손을 머리에 올린 자세에요.

06 이번에는 오브젝트 추가하기에서 '글상자'를 선택해요.

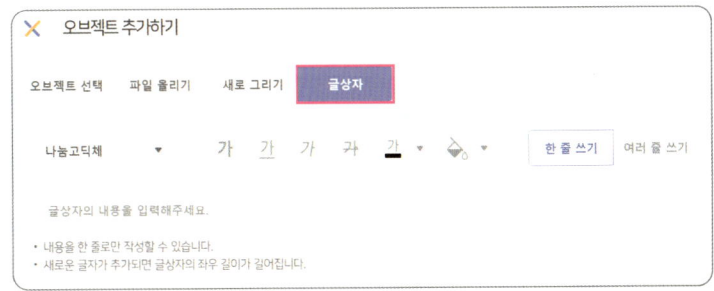

# 코드위즈와 AI

**07** 글상자의 입력란에 '날 따라 해 봐요!'를 입력하고 글꼴은 '산돌 맵씨', 글자 색깔 주황색, 배경색은 채우기 없음으로 선택해요.

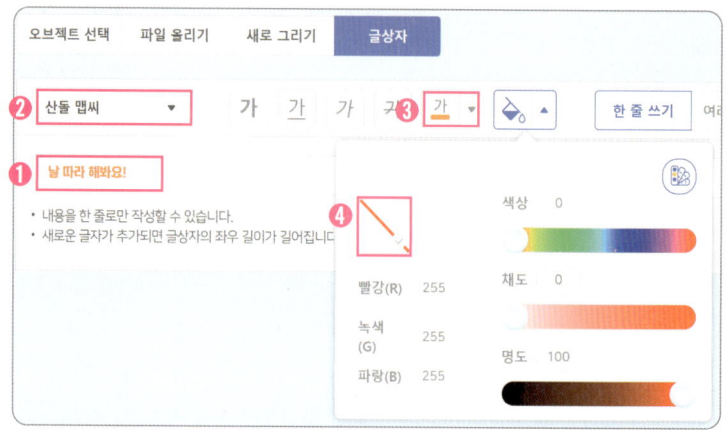

**08** 그림처럼 오브젝트를 배치해요.

## 동작을 인식해 점수를 얻는 장치 만들기

**01** 글상자 오브젝트를 선택한 상태에서 필요한 인공지능 블록을 추가해요.

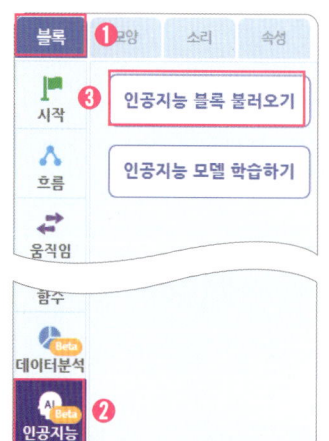
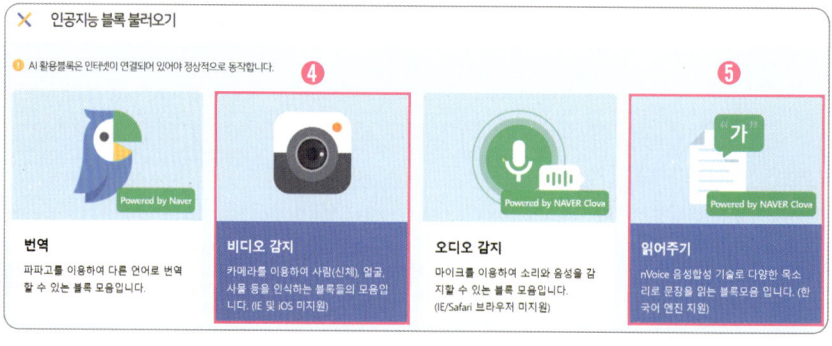

**02** [속성] 탭으로 가서 변수와 신호를 추가해요.

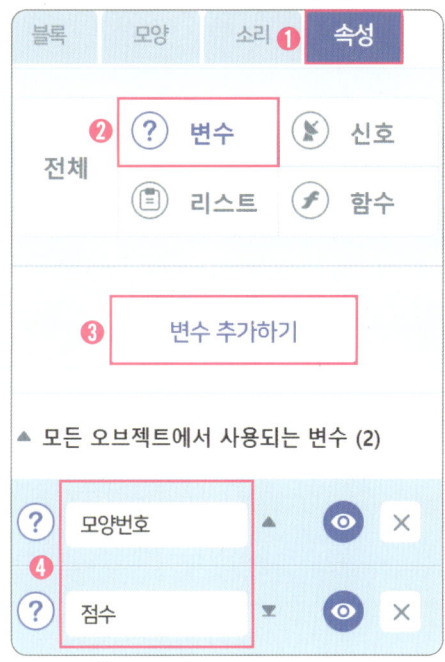 

**03** '다양한 표정 엔트리봇' 오브젝트를 선택한 상태에서 코드를 작성해요.

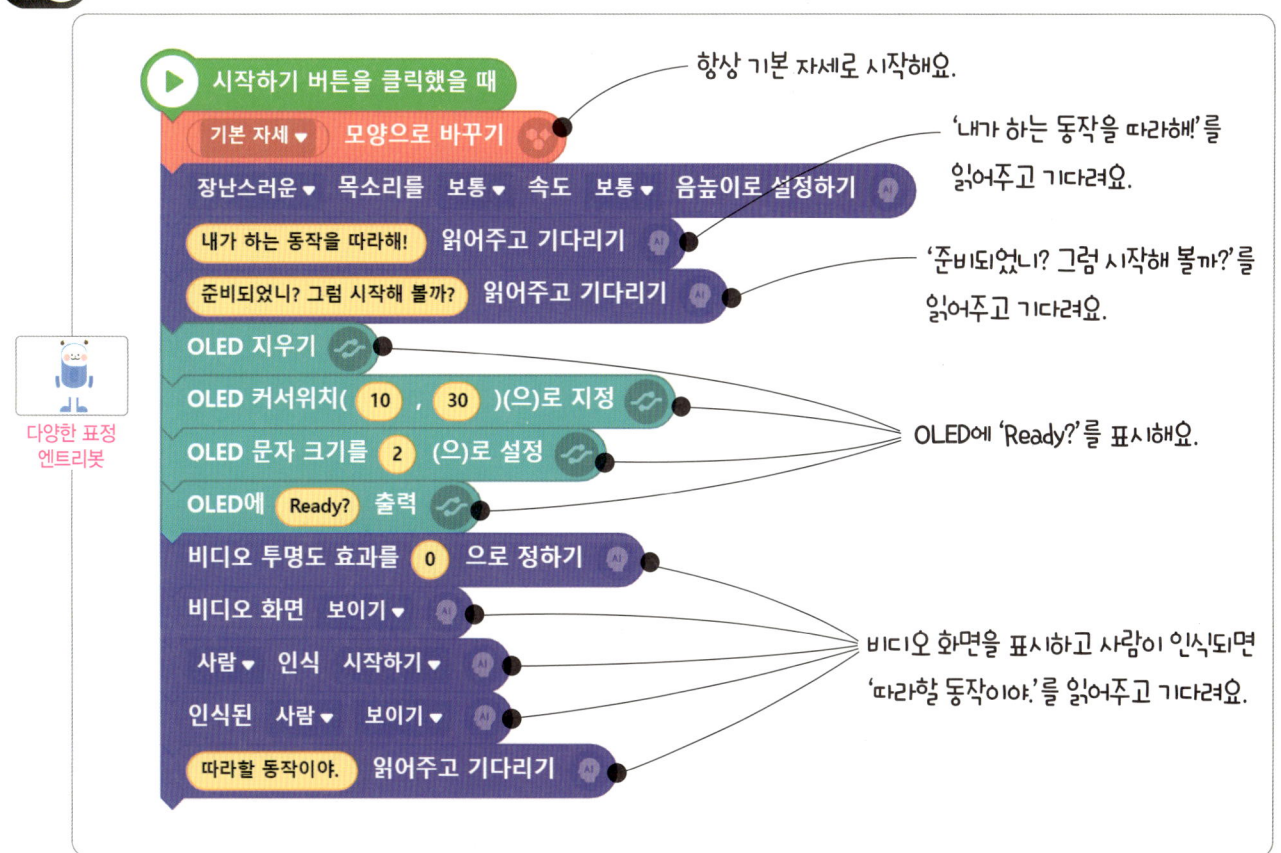

# 코드위즈와 AI

**04** 계속해서 **03**에서 작성한 코드 아래에 다음과 같이 블록을 추가해요

다양한 표정 엔트리봇

- 시작하기 버튼을 클릭했을 때
- 기본 자세▼ 모양으로 바꾸기
- 장난스러운▼ 목소리를 보통▼ 속도 보통▼ 음높이로 설정하기
- 내가 하는 동작을 따라해! 읽어주고 기다리기
- 준비되었니? 그럼 시작해 볼까? 읽어주고 기다리기
- OLED 지우기
- OLED 커서위치( 10 , 30 )(으)로 지정
- OLED 문자 크기를 2 (으)로 설정
- OLED에 Ready? 출력
- 비디오 투명도 효과를 0 으로 정하기
- 비디오 화면 보이기▼
- 사람▼ 인식 시작하기▼
- 인식된 사람▼ 보이기▼
- 따라할 동작이야. 읽어주고 기다리기
- 모양번호▼ 를 2 부터 4 사이의 무작위 수 (으)로 정하기 ← 따라할 번호인 2번에서 4번까지의 숫자 중에 랜덤으로 모양이 정해지도록 2와 4를 입력해요.
- 모양번호▼ 값 모양으로 바꾸기 ← 정해진 모양으로 바꿔요.
- 만일 〈 모양번호▼ 값 = 2 〉 (이)라면
  - 동작1▼ 신호 보내기 ← 모양 번호의 값이 2일 경우 '동작1'로 신호를 보내요.
- 만일 〈 모양번호▼ 값 = 3 〉 (이)라면
  - 동작2▼ 신호 보내기 ← 모양 번호의 값이 3일 경우 '동작2'로 신호를 보내요.
- 만일 〈 모양번호▼ 값 = 4 〉 (이)라면
  - 동작3▼ 신호 보내기 ← 모양 번호의 값이 4일 경우 '동작3'으로 신호를 보내요.

**05** 계속해서 '다양한 표정 엔트리봇' 오브젝트를 선택한 상태에서 코드를 작성해요.

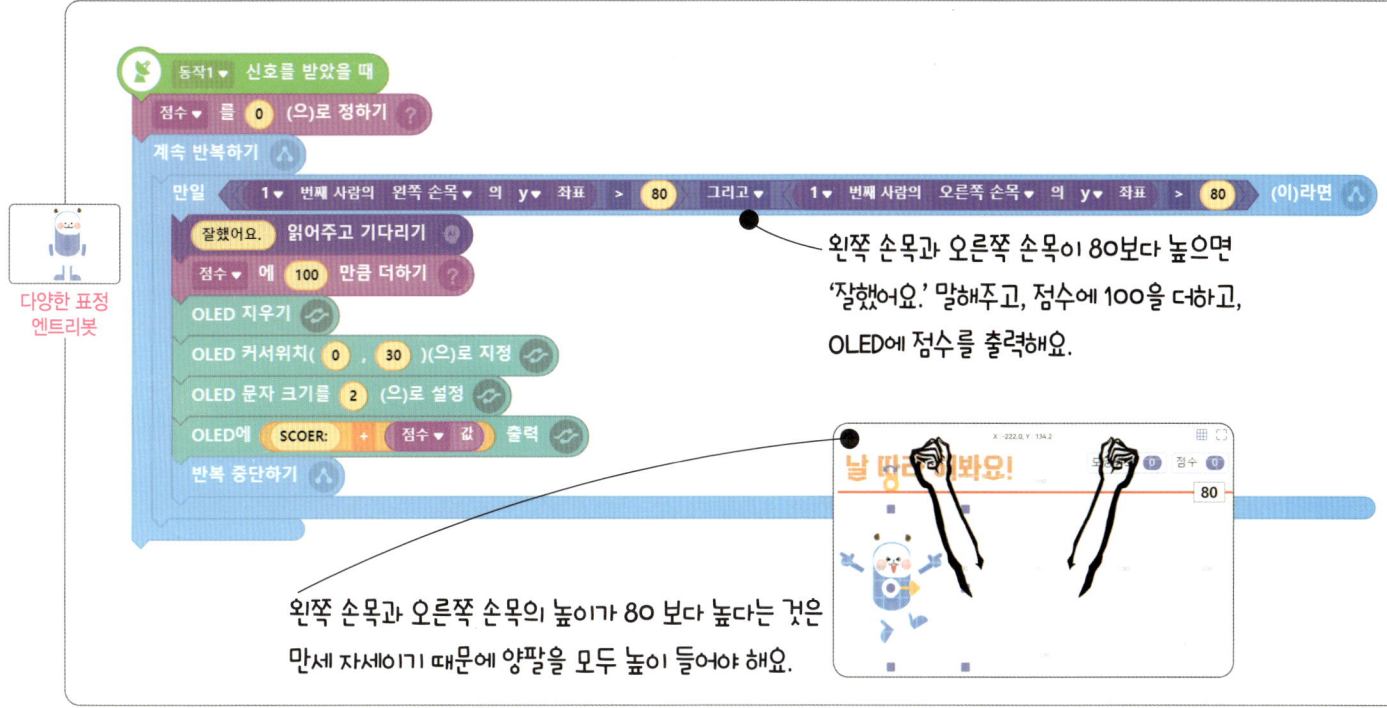

왼쪽 손목과 오른쪽 손목이 80보다 높으면 '잘했어요.' 말해주고, 점수에 100을 더하고, OLED에 점수를 출력해요.

왼쪽 손목과 오른쪽 손목의 높이가 80보다 높다는 것은 만세 자세이기 때문에 양팔을 모두 높이 들어야 해요.

**06** 계속해서 '다양한 표정 엔트리봇' 오브젝트를 선택한 상태에서 코드를 추가해요.

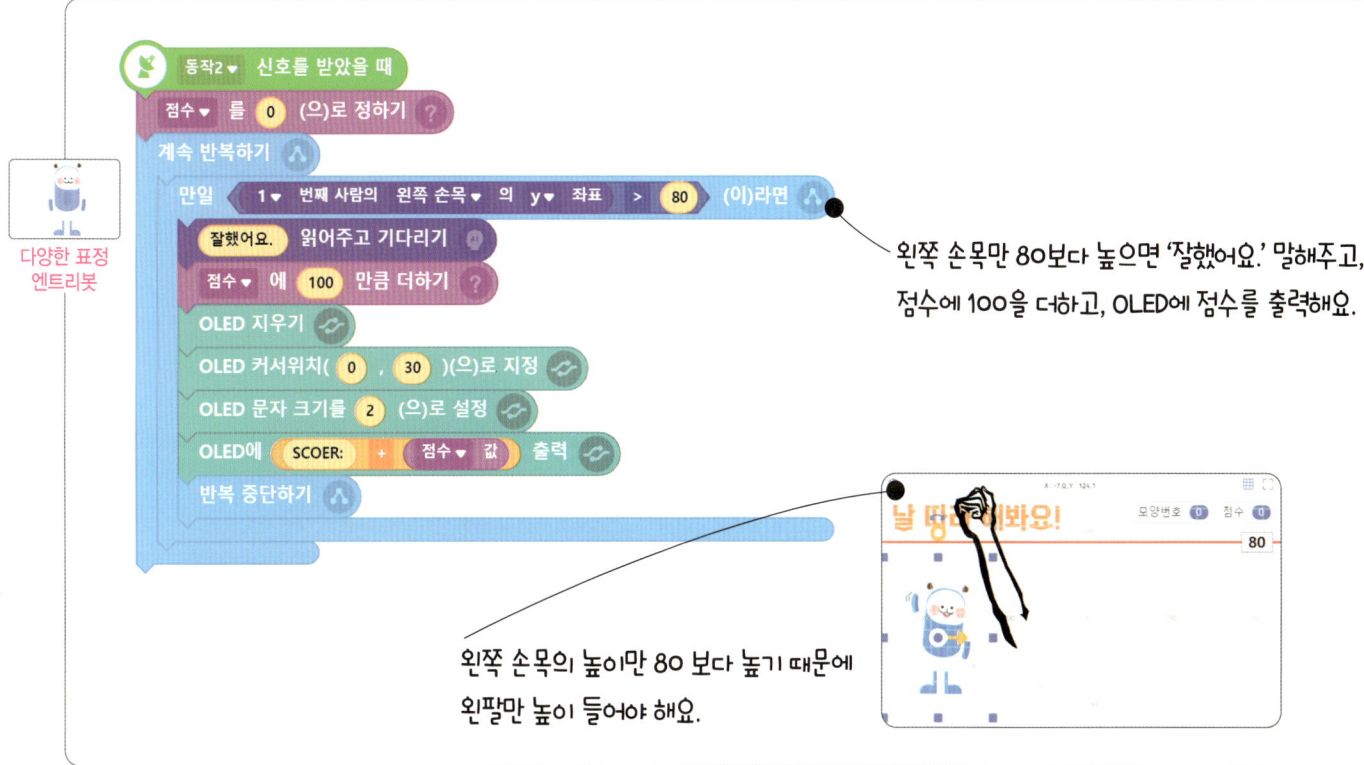

왼쪽 손목만 80보다 높으면 '잘했어요.' 말해주고, 점수에 100을 더하고, OLED에 점수를 출력해요.

왼쪽 손목의 높이만 80보다 높기 때문에 왼팔만 높이 들어야 해요.

**07** 계속해서 '다양한 표정 엔트리봇' 오브젝트를 선택한 상태에서 코드를 작성해요.

다양한 표정 엔트리봇

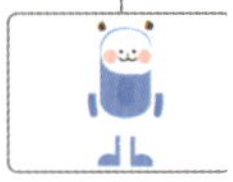

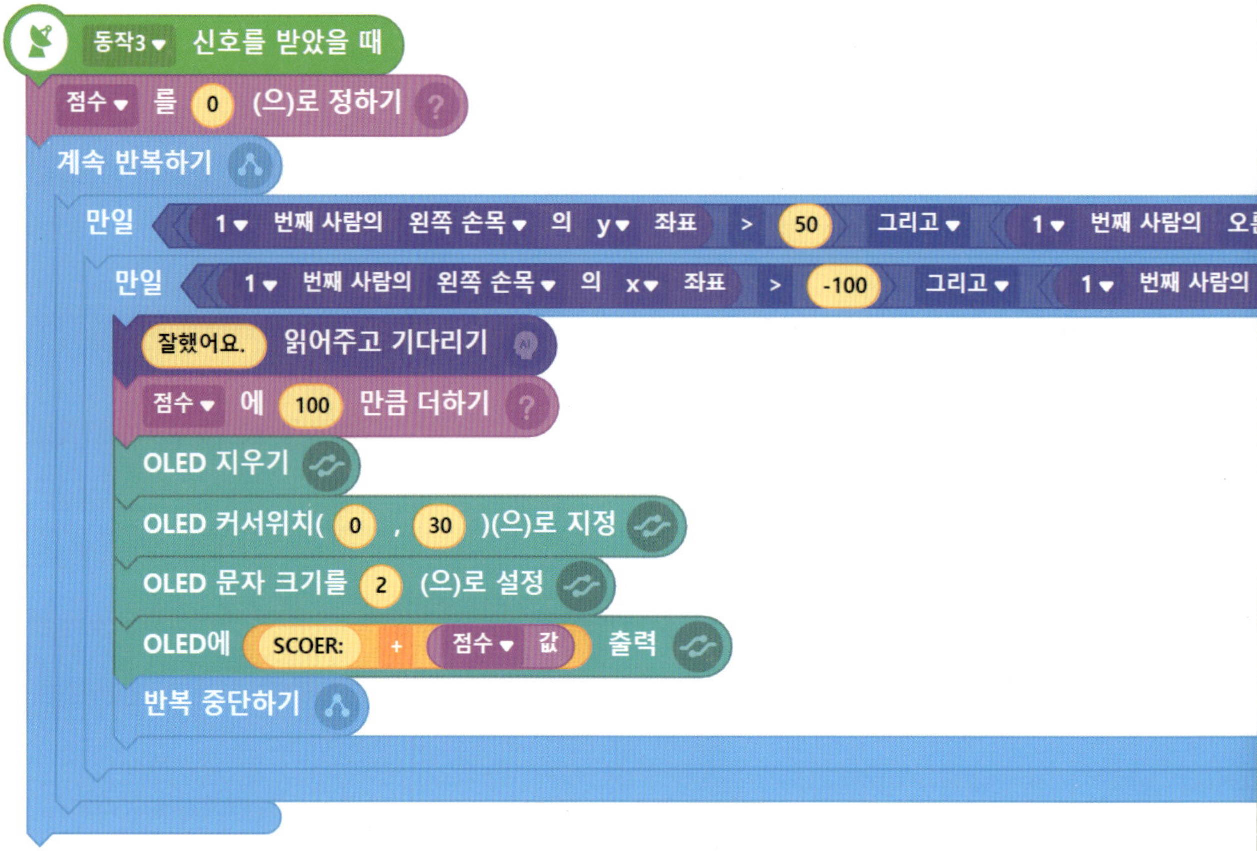

동작3 신호를 받았을 때
점수 를 0 (으)로 정하기
계속 반복하기
만일 1 번째 사람의 왼쪽 손목 의 y 좌표 > 50 그리고 1 번째 사람의 오
만일 1 번째 사람의 왼쪽 손목 의 x 좌표 > -100 그리고 1 번째 사람의
잘했어요. 읽어주고 기다리기
점수 에 100 만큼 더하기
OLED 지우기
OLED 커서위치( 0 , 30 )(으)로 지정
OLED 문자 크기를 2 (으)로 설정
OLED에 SCOER: + 점수 값 출력
반복 중단하기

**08** 프로그램을 실행하여 동작을 따라하는 게임을 즐겨 보세요.

Ready?
CodeWiz

날 따라 해봐요!
모양번호 4
점수 0

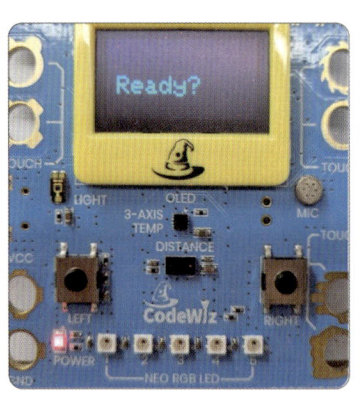

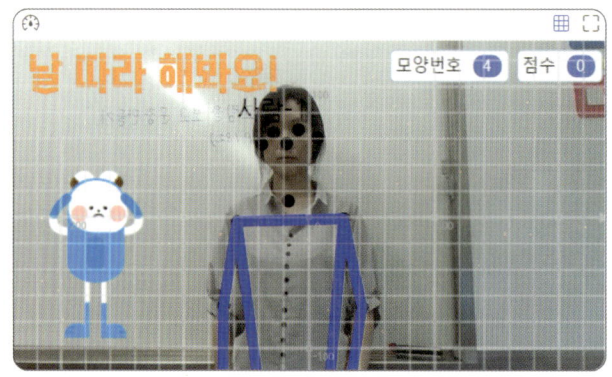

프로그램을 실행하면 카메라에서 조금 떨어진 위치에 서요. 음성으로 동작을 따라하라고 말하고 따라할 동작이 나올 때까지 기본 자세로 있어요.

왼쪽 손목과 오른쪽 손목의 높이가 50보다 높은 위치에 있고, 왼쪽 손목은 -100보다 오른쪽에 위치하고 오른쪽 손목은 100보다 왼쪽에 위치할 경우 '잘했어요'를 읽어주고 점수에 100을 더하고 OLED에 출력해요

왼쪽 손목과 오른쪽 손목의 높이가 50보다 높은 위치에 있고, 왼쪽 손목이 -100보다 오른쪽에 위치하고, 오른쪽 손목이 100보다 왼쪽에 위치할 경우 팔목이 꺾어지고 손목이 가깝다는 것이에요.

동작에 따라 자세를 취해요. 조건을 만족한 자세일 경우 코드위즈 OLED 화면에 획득한 점수가 표시돼요.

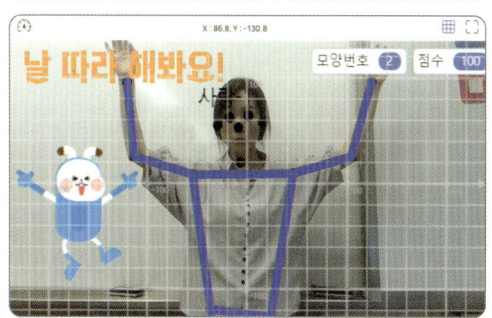

# 코드위즈와 AI

## 도전하기

점수를 획득했을 때 경쾌한 소리가 나면서 네오픽셀이 반짝이도록 해 보세요.

**Mission 01** 아래의 블록을 이용해 점수를 획득했을 때 경쾌한 소리를 내요.

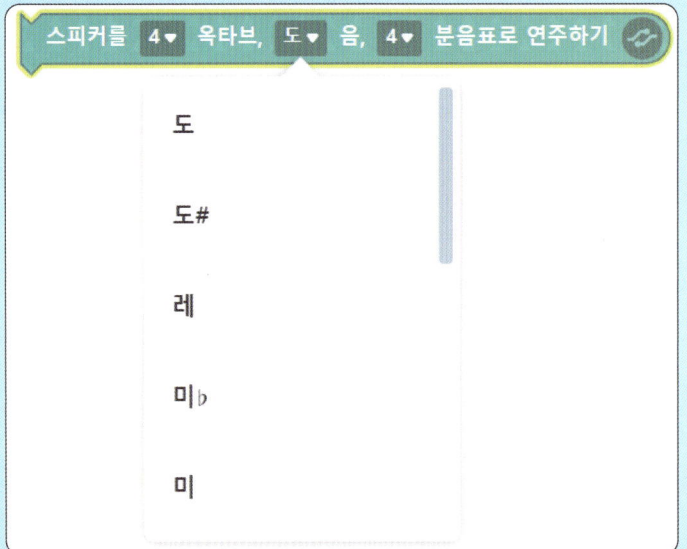

**Mission 02** 아래의 블록을 이용해 네오픽셀이 반짝이게 해요.

## 읽을거리

### 동작 평균 정확도를 알려주는 AI 앱!

　코드위즈로 인공지능의 동작인식 기술을 이용해 동작을 똑같이 따라해 보았나요? 운동을 할 때 나의 동작이 정확한지를 알려주는 인공지능이 있다면 운동의 효과를 보다 높일 수 있을 것입니다. 실제로 요즘 출시되는 인공지능 운동 앱들은 사용자가 취하는 동작을 인식해 동작이 얼마나 정확한지 판단하고 그 결과를 색깔이나 수치로 알려준다고 해요. 운동이 끝났을 때 신체 부위별 운동 시간과 소모 칼로리, 동작별 정확도 등을 자동으로 분석해 제공하는 것이죠. 트레이너의 동작을 360도로 돌려가며 볼 수 있는 VR 기술을 활용하기도 해요.

　그뿐 아니라 운전을 할 때 졸음운전을 하면 큰 사고로 이어질 수 있는데요. 운전자의 졸음 동작을 파악해 위험한 상황임을 알려주는 서비스도 있습니다. 이처럼 인공지능은 우리 생활을 편리하게 할 뿐 아니라 사람의 건강과 안전을 위해서도 많은 일을 할 수 있다는 사실을 꼭 기억하세요.

# 8

## 내가 좋아하는 컬러 톤은 무엇일까요?

우리나라는 봄 여름 가을 겨울 사계절이 있어요. 사계절을 컬러로 표현하기도 해요. 사람들은 계절에 어울리는 컬러의 옷을 입기도 해요. 자신이 좋아하는 색깔의 옷이 어떤 계절의 컬러인지

### 무엇을 배울까?

1. 컬러 톤을 학습시켜 새로운 옷의 컬러를 보고 어떤 컬러톤을 좋아하는 사람인지 분류하는 프로그램을 만들어 봅니다.
2. 분류한 컬러 톤 결과에 따라 계절에 어울리는 모양과 색깔을 표현하는 코드위즈를 만들어 봅니다.

**준비물**
코드위즈 베이직 키트

# Coding School

인공지능으로 알려주는 장치를 만들면 재미있을 것 같지 않나요? 옷을 입을 때 좋아하는 컬러를 확인해서 계절과 잘 어울리는 컬러톤을 알려주는 장치를 만들어요.

**Q1** OLED 화면에 계절에 어울리는 모양을 나타낼 수 있나요?

다음과 같이 블록을 활용하면 꽃, 눈, 비, 바람 등을 나타내는 모양을 만들 수 있습니다. 이 블록을 활용할 때는 X, Y 좌표 값을 잘 생각해야 합니다.

# 코드위즈와 AI

## 필요한 오브젝트 추가하기

**01** 기본 오브젝트를 삭제하고 [오브젝트 추가하기] 버튼을 눌러요.

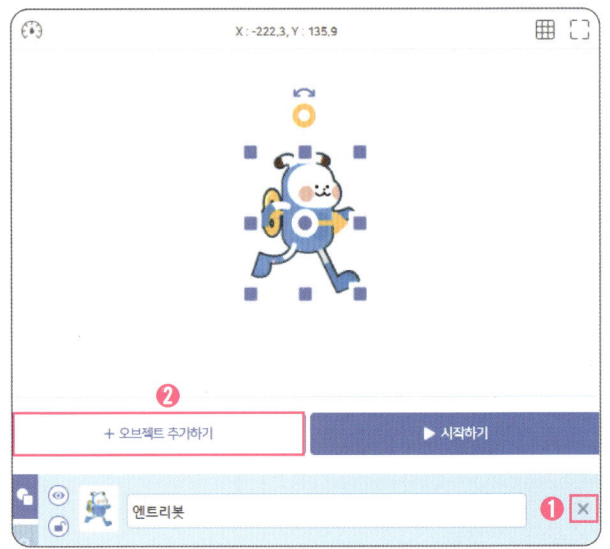

**02** 오브젝트 추가하기 페이지의 상단 오른쪽 검색 창에 '색깔'을 입력해서 '색깔 상자' 오브젝트를 추가해요.

**03** '색깔 상자' 오브젝트를 선택한 상태에서 [모양] 탭으로 가면 3개의 색깔 상자 모양을 확인할 수 있어요. 제일 아래 모양을 선택한 뒤 마우스 오른쪽 버튼을 눌러 '복제하기'를 선택해요.

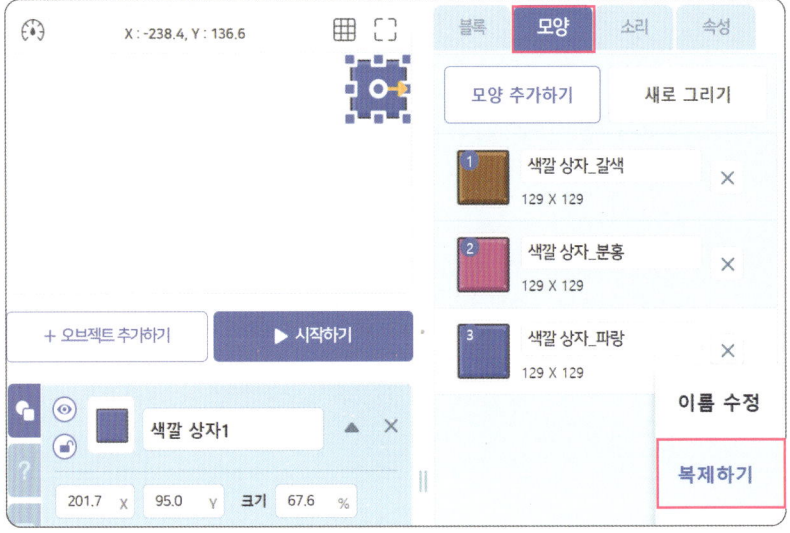

**04** 복제한 모양에 원하는 색깔로 채우기를 한 뒤 오른쪽 상단에 있는 [저장하기] 버튼을 눌러요. 원하는 색깔로 해도 좋아요.

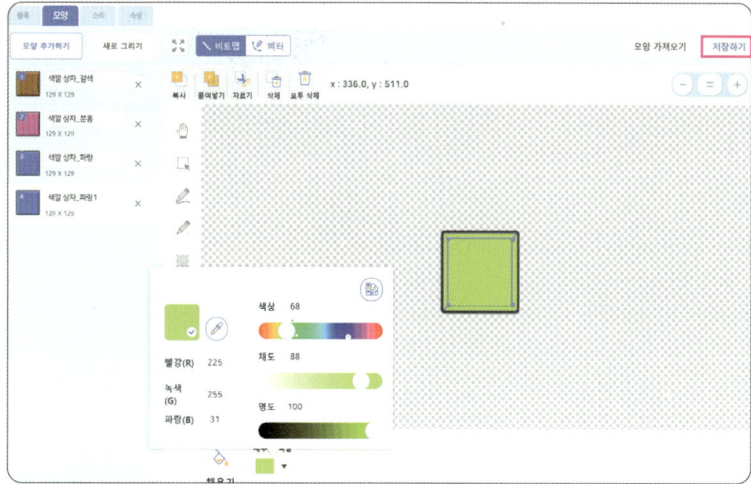

**05** 같은 방법으로 3개 정도 색깔이 다른 상자 모양을 추가해요. 원하는 색깔로 채우기를 하세요.

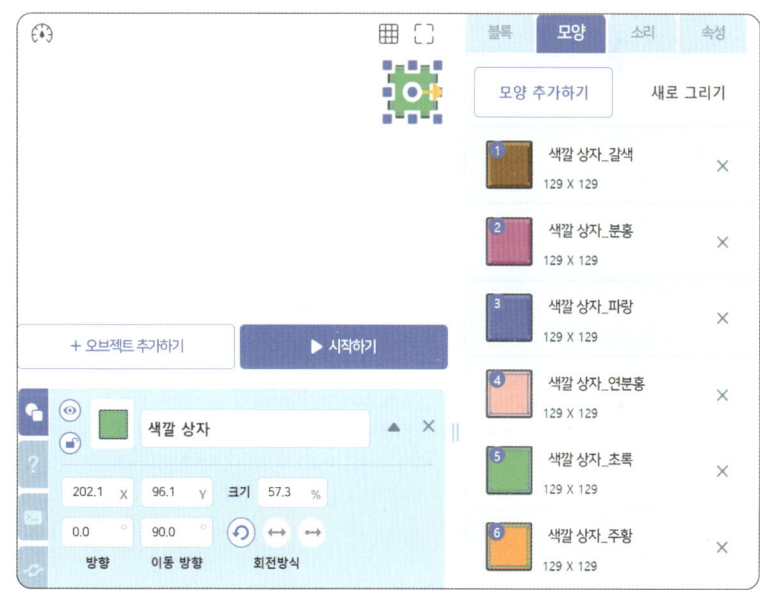

**06** 이번에는 오브젝트 목록에서 마우스 오른쪽 버튼을 눌러 모양을 추가한 오브젝트를 복제해요.

# 코드위즈와 AI

**07** 같은 방법으로 색깔 상자를 1개 더 복제한 뒤 복제한 색깔 상자를 그림처럼 배치해요.

**08** 이번에는 오브젝트 추가하기에서 '글상자'를 선택해요.

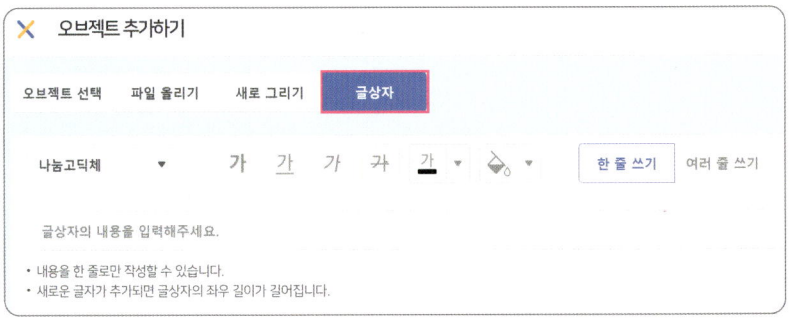

**10** 글상자에서 '당신이 좋아하는 컬러톤은?'을 입력해요. 글꼴은 '나눔손글씨'로 정하고, 글자색은 진분홍색, 배경색은 채우기 없음으로 선택해요.

⑩ 그림처럼 오브젝트를 배치해요.

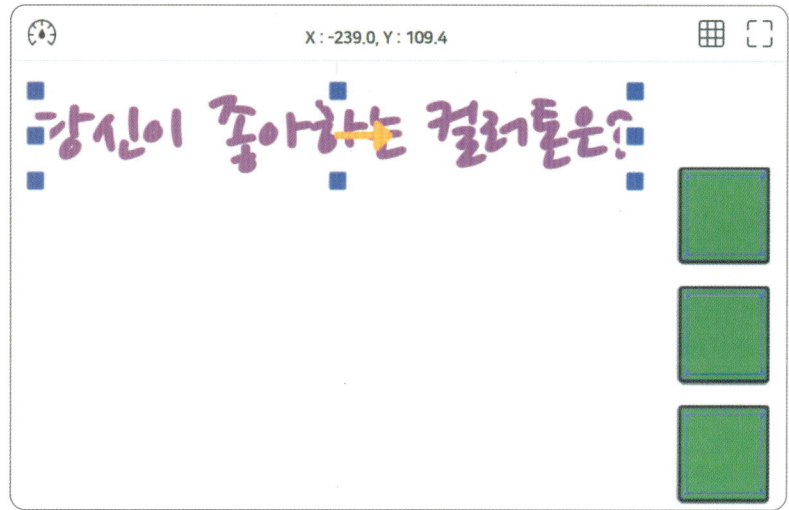

## 색깔을 학습해서 컬러 톤을 분류하는 장치 만들기

01 글상자 오브젝트를 선택한 상태에서 필요한 인공지능 블록을 추가해요.

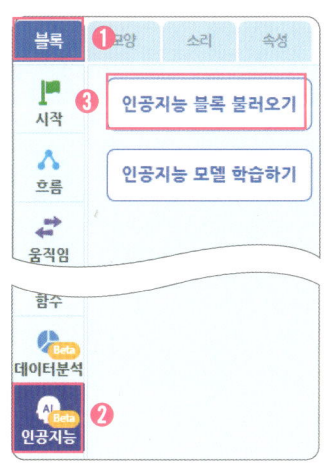

02 이번에는 '인공지능 모델 학습하기'를 선택한 뒤 '분류 : 이미지'를 클릭해요.

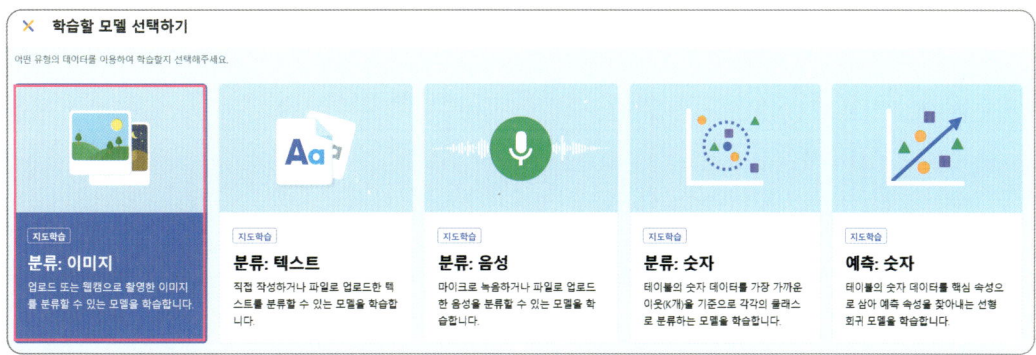

# 코드위즈와 AI

**03** 모델의 이름을 '사계절 컬러톤'으로 입력해요. 클래스의 이름에 '봄'이라고 입력하고 봄을 상징하는 컬러톤의 이미지 데이터를 입력해요.

여기에 '봄'을 입력하고 상징하는 컬러 톤의 이미지 데이터를 입력해요.

카메라로 촬영하여 데이터를 입력하거나 미리 저장해 둔 이미지 파일을 업로드할 수 있어요.

**04** 클래스2에 '여름'이라고 입력하고 여름을 상징하는 컬러톤의 이미지 데이터를 입력해요.

여기에 여름을 입력하고 상징하는 컬러 톤의 이미지 데이터를 입력해요.

카메라로 촬영하여 데이터를 입력하거나 미리 저장해 둔 이미지 파일을 업로드할 수 있어요.

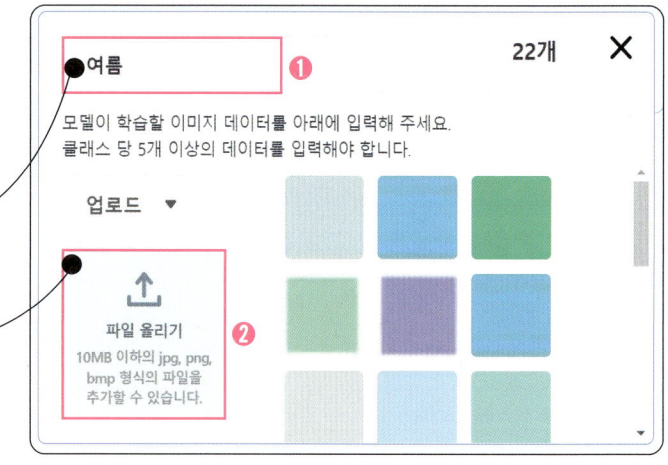

**05** 클래스 추가하기 버튼을 사용해 클래스3과 클래스4에 각각 '가을'과 '겨울'을 입력하고 각 계절을 상징하는 컬러톤의 이미지 데이터를 입력해요.

**06** 데이터 입력을 완료했다면 학습의 '모델 학습하기' 버튼을 클릭해요.

**07** 결과에서 입고 있는 옷의 색깔을 촬영해 어떤 결과가 나오는지 확인해요.

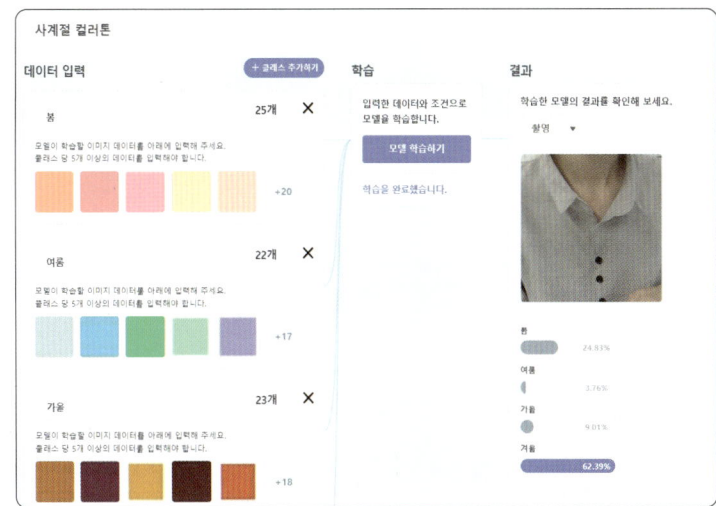

**08** 속성 창에서 '봄', '여름', '가을', '겨울' 신호를 추가해요.

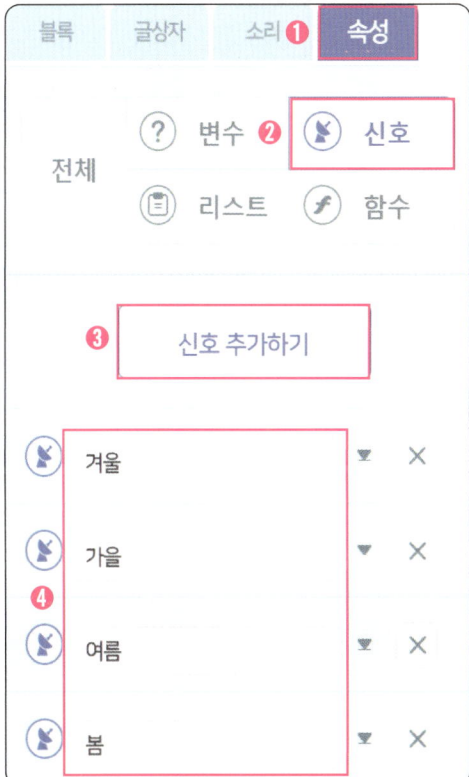

# 코드위즈와 AI

**09** '글상자' 오브젝트를 선택한 상태에서 코드를 작성해요.

가 당신이 좋아하는 컬러톤은?
**글상자**

▶ 시작하기 버튼을 클릭했을 때
남성▼ 목소리를 보통▼ 속도 보통▼ 음높이로 설정하기
당신이 입고 있는 옷으로 좋아하는 컬러톤을 알아볼게요. 읽어주고 기다리기
비디오 투명도 효과를 0 으로 정하기
비디오 화면 보이기▼
비디오 화면을 학습한 모델로 분류 시작하기▼
2 초 기다리기
계속 반복하기
　만일 분류 결과가 봄▼ 인가? (이)라면
　　봄▼ 신호 보내기 ········· 비디오에 비친 옷의 컬러톤을 분류한 결과가 봄이라면 '봄'으로 신호를 보내요.
　만일 분류 결과가 여름▼ 인가? (이)라면
　　여름▼ 신호 보내기 ········· 비디오에 비친 옷의 컬러톤을 분류한 결과가 여름이라면 '여름'으로 신호를 보내요.
　만일 분류 결과가 가을▼ 인가? (이)라면
　　가을▼ 신호 보내기 ········· 비디오에 비친 옷의 컬러톤을 분류한 결과가 가을이라면 '가을'로 신호를 보내요.
　만일 분류 결과가 겨울▼ 인가? (이)라면
　　겨울▼ 신호 보내기 ········· 비디오에 비친 옷의 컬러톤을 분류한 결과가 겨울이라면 '겨울'로 신호를 보내요.
　반복 중단하기 ········· 조건을 만족했을 때 신호를 보낸 후 계속 반복하기를 중단해요.

10 계속해서 '봄' 신호를 받았을 때의 코드를 추가해요.

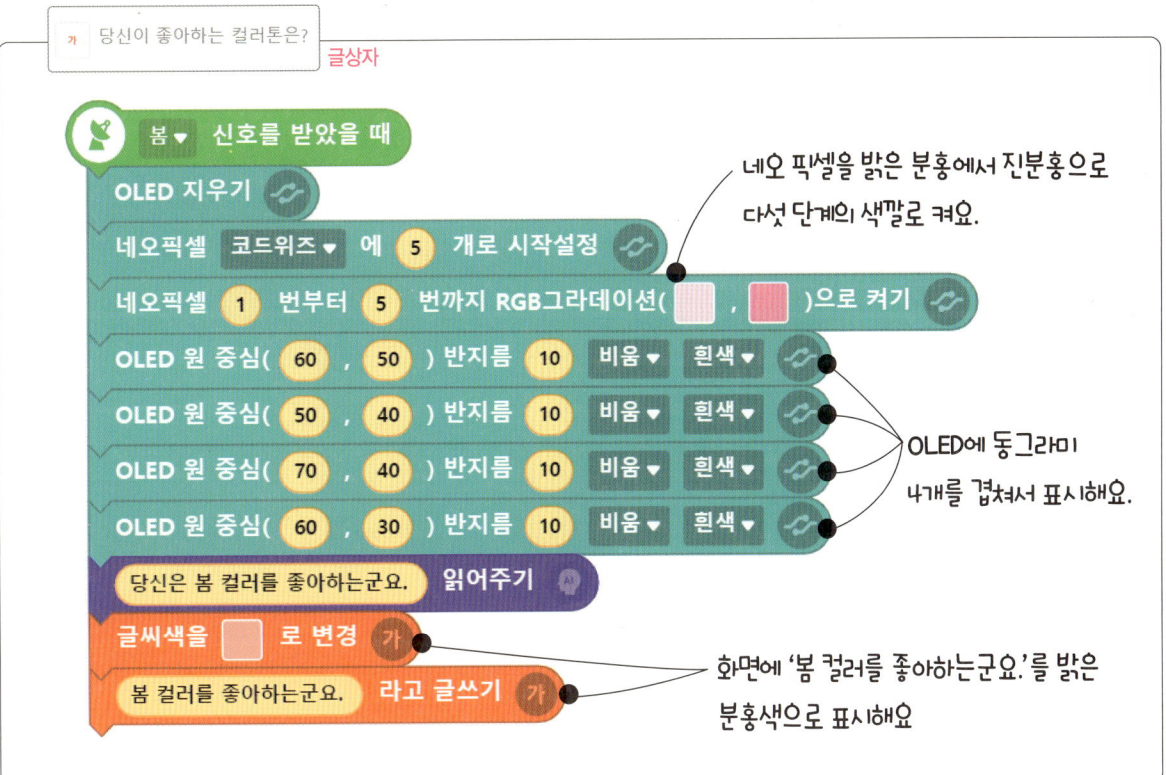

11 계속해서 '여름' 신호를 받았을 때의 코드를 추가해요.

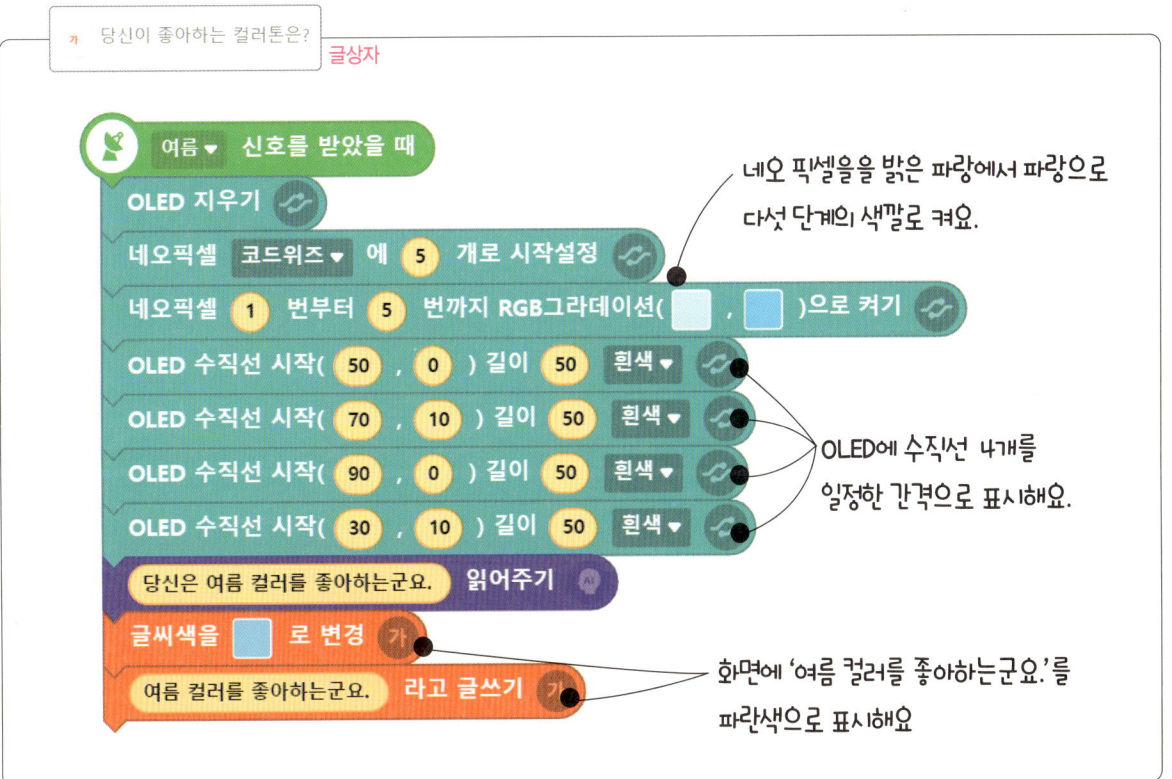

# 코드위즈와 AI

**12** 계속해서 '가을' 신호를 받았을 때의 코드를 추가해요.

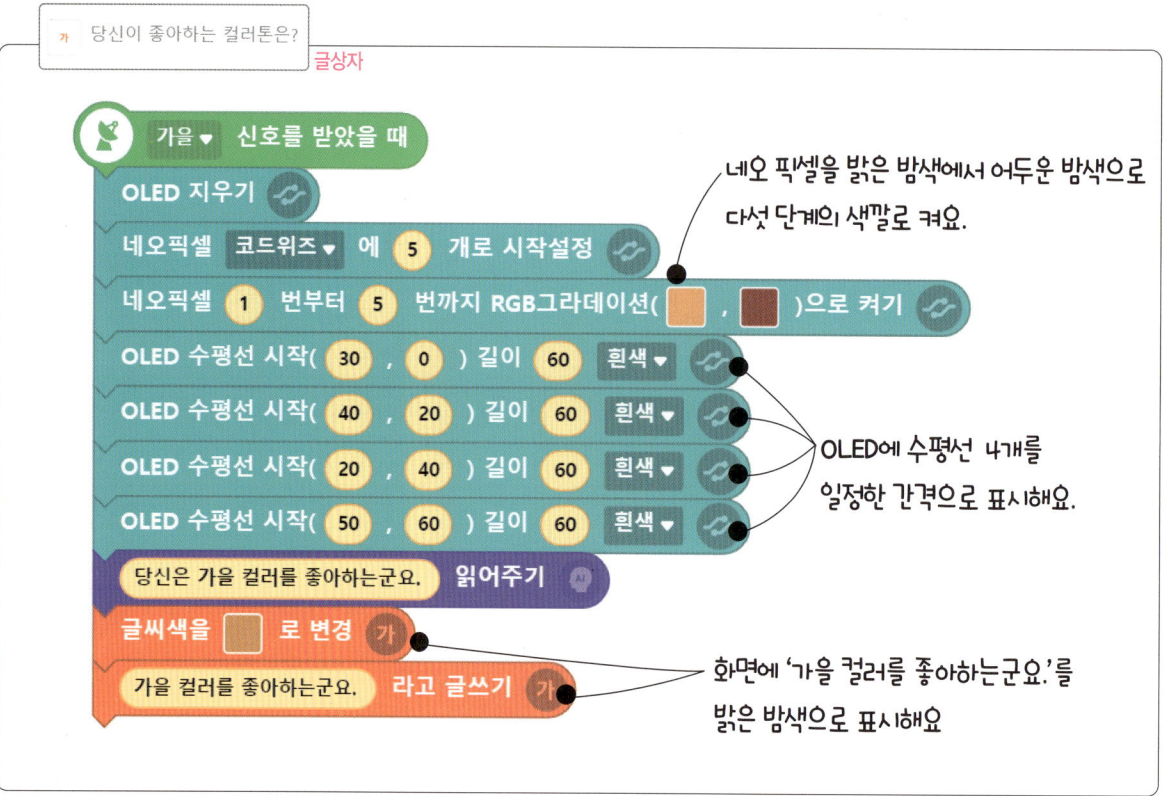

**13** 계속해서 '겨울' 신호를 받았을 때의 코드를 추가해요.

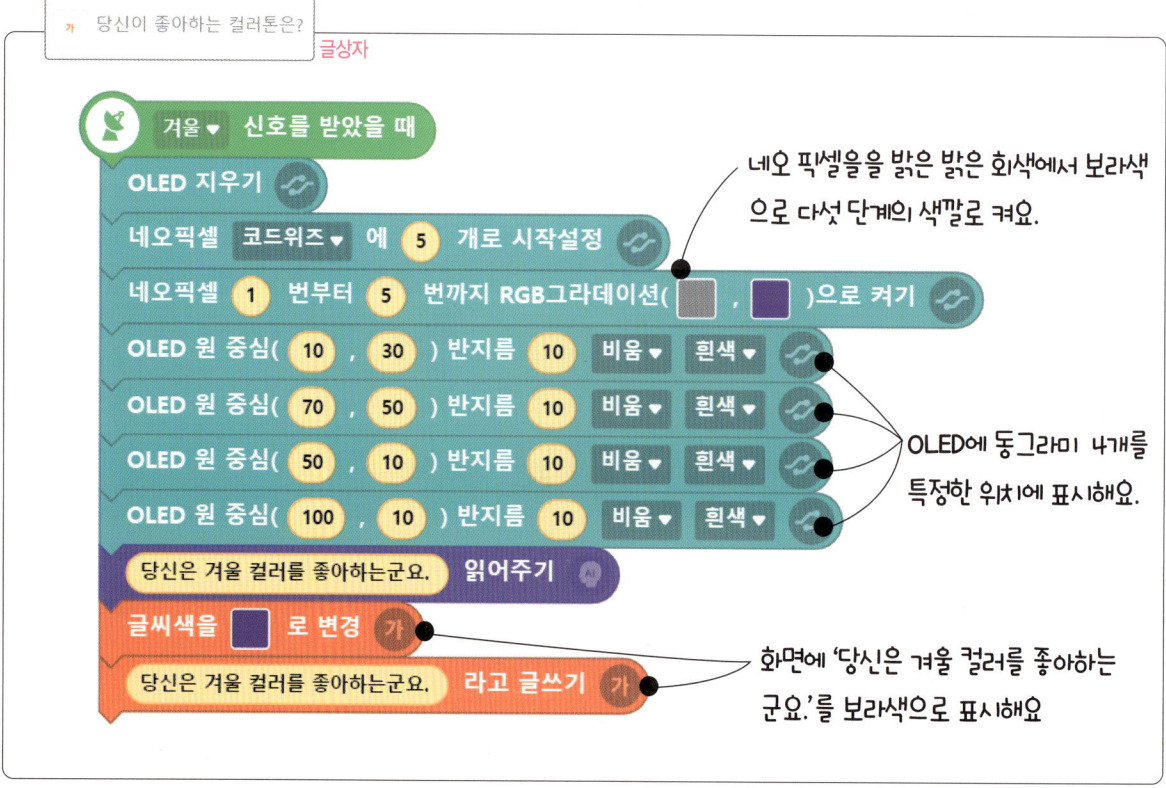

**14** 프로그램을 실행하면 카메라를 향해 촬영할 준비를 해요. 여러 가지 색깔의 옷을 미리 준비하면 어떤 컬러톤으로 분류하는지 확인할 수 있어요.

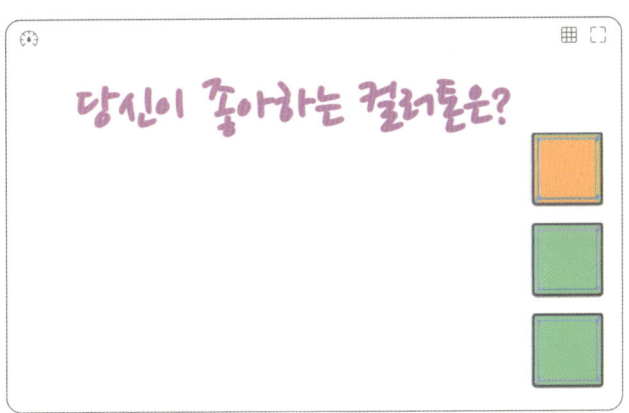
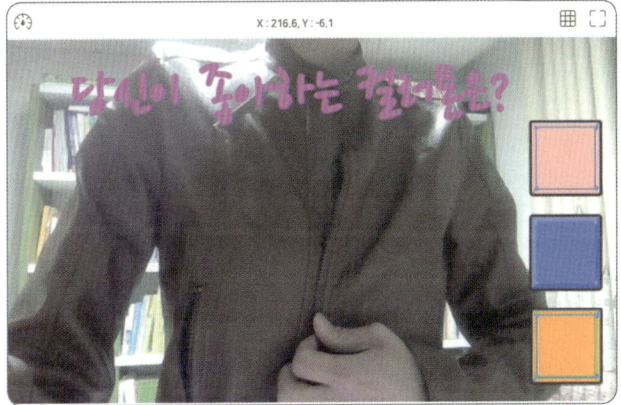

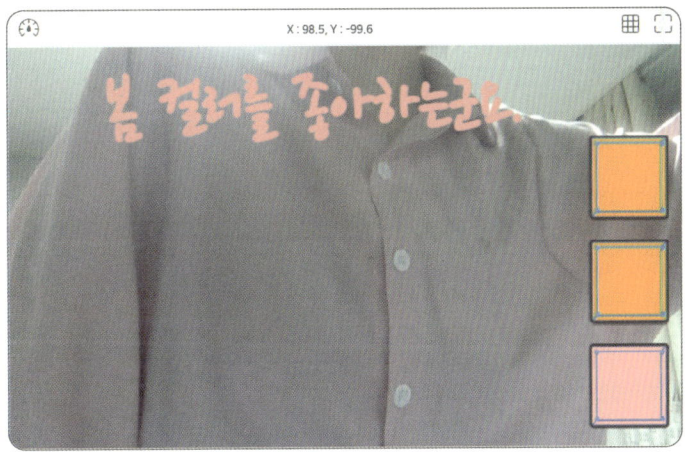

봄 컬러를 좋아한다고 분류하면 코드위즈 OLED 화면에 꽃 모양이 나타나요. 실행 화면에도 봄 컬러를 좋아한다고 알려줘요.

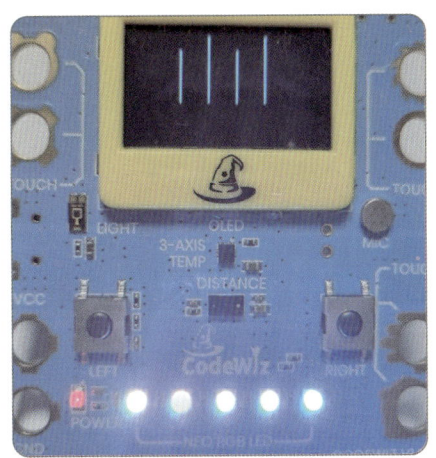

여름 컬러를 좋아한다고 분류하면 코드위즈 OLED 화면에 비 모양이 나타나요. 실행 화면에도 여름 컬러를 좋아한다고 알려줘요.

## 코드위즈와 AI

가을 컬러를 좋아한다고 분류하면 코드위즈 OLED 화면에 바람 모양이 나타나요. 실행 화면에도 가을 컬러를 좋아한다고 알려줘요.

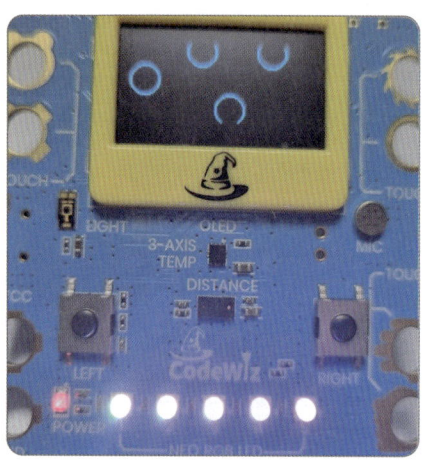 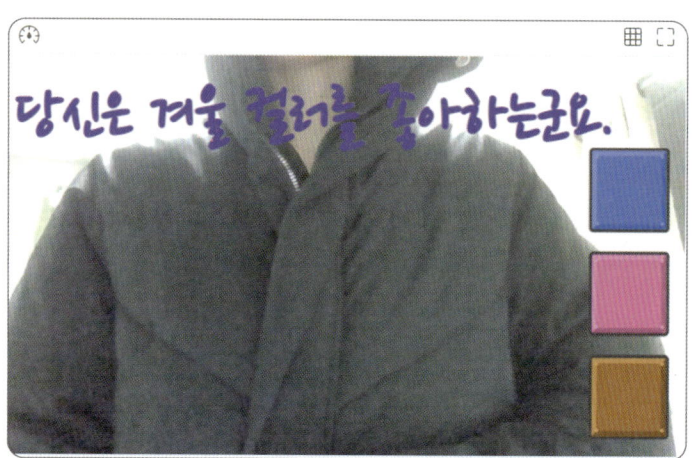

겨울 컬러를 좋아한다고 분류하면 코드위즈 OLED 화면에 눈 모양이 나타나요. 실행 화면에도 겨울 컬러를 좋아한다고 알려줘요.

## 알아보기

**입고 있는 옷의 색깔을 제대로 분류하지 못할 때가 있어요. 왜 그럴까요?**

실시간 촬영의 경우 촬영 장소의 조명, 카메라 각도 등에 따라 색깔을 정확하게 인식하지 못하는 경우가 있습니다. 이런 경우 실시간 촬영보다는 미리 촬영해 놓은 색깔의 이미지 파일을 업로드하여 색깔을 판단하도록 해 보세요. 업로드한 파일을 통해 색깔을 분류할 때는 `학습한 모델로 분류하기` 블록을 사용해 코드를 작성하고 실시간 촬영을 통해 색깔을 분류할 때는 `비디오 화면을 학습한 모델로 분류 시작하기` 블록을 사용해 코드를 작성해요.

# 도전하기

분류한 계절톤에 따라 OLED의 화면이 다르게 표현되도록 해보세요.

**Mission 01**  아래의 블록을 이용해 겨울에 눈이 내리는 것처럼 점으로 찍히게 해 보세요.

- 10 번 반복하기
- OLED 점찍기 ( 10 , 10 ) 흰색
- 0 부터 10 사이의 무작위 수

**Mission 02**  아래의 블록을 이용해 봄의 꽃 모양 2개가 화면에 나타나도록 해요. 좌표 값을 어떻게 하면 좋을지 잘 생각해요.

- OLED 원 중심( 30 , 30 ) 반지름 10 비움 흰색

# 9 코드위즈, 지구 환경을 지켜줘!

지구가 쓰레기로 인해 많이 아파요! 지구 환경을 보호하기 위해서는 재활용 쓰레기의 분리 배출을 잘 해야 해요. 코드위즈를 이

### 무엇을 배울까?

1. 페트병을 학습시켜 라벨을 뗀 페트병과 그렇지 않은 페트병을 분류하는 프로그램을 만들어 봅니다.
2. 분리 배출이 가능한 페트병과 불가능한 페트병을 표현하는 코드위즈를 만들어 봅니다.

### 준비물

코드위즈 베이직 키트

# Coding School

용하여 분리 배출을 잘 했을 때 지구 환경 보호 점수를 획득하는 장치를 만들어 보세요.

**Q1** OLED 화면에 그림을 그려서 색칠을 할 수 있나요? 또 만약 주변이 어둡다면 네오픽셀에 빛이 나도록 하려면 어떻게 해야 하나요?

`OLED 반전 모드 ON` 블록을 활용하면 검은 OLED 화면을 밝게 만들 수 있습니다. OLED 화면 속에 그리는 도형을 비움 또는 채움으로 선택하고, 흰색 또는 검은색을 선택하면 마치 색칠을 한 것같은 효과를 만들 수 있습니다.

`빛 센서 값` 블록을 활용하면 주변이 어두워지는 것을 감지해 네오픽셀에 빛이 나게 할 수 있습니다.

## 코드위즈와 AI

### 필요한 오브젝트 추가하기

**01** 기본 오브젝트를 삭제하고 [오브젝트 추가하기] 버튼을 눌러요.

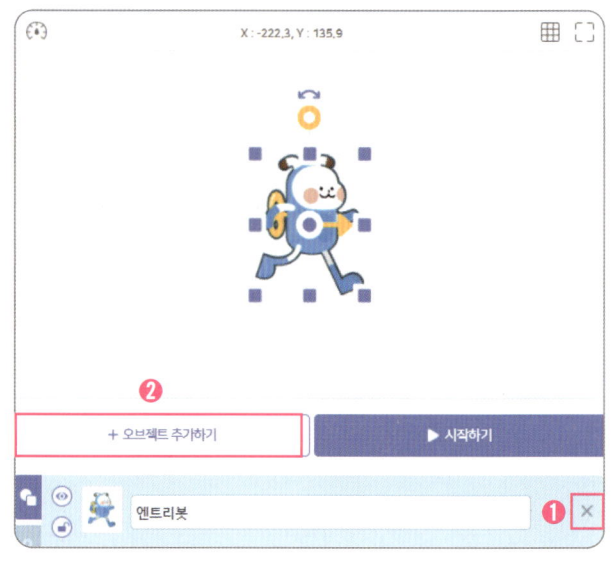

**02** 오브젝트 추가하기 페이지의 상단 오른쪽 검색 창에 '분리'를 입력해서 '분리수거함' 오브젝트를 추가해요.

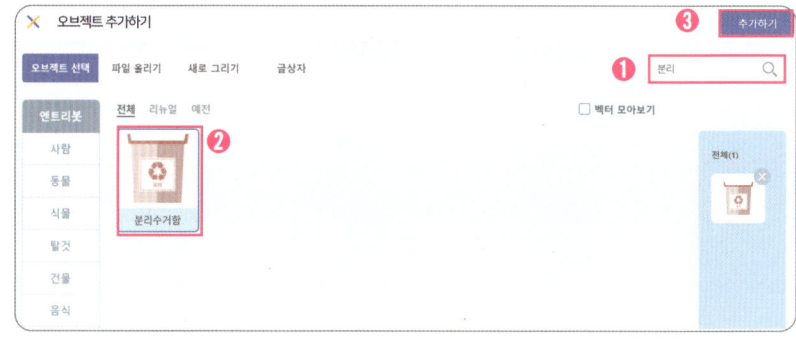

**03** '분리수거함' 오브젝트를 선택한 상태에서 [모양] 탭으로 가면 4개의 분리수거함 모양을 확인할 수 있어요. 제일 아래 '분리수거함_플라스틱'만 남기고 나머지는 모두 삭제해요.

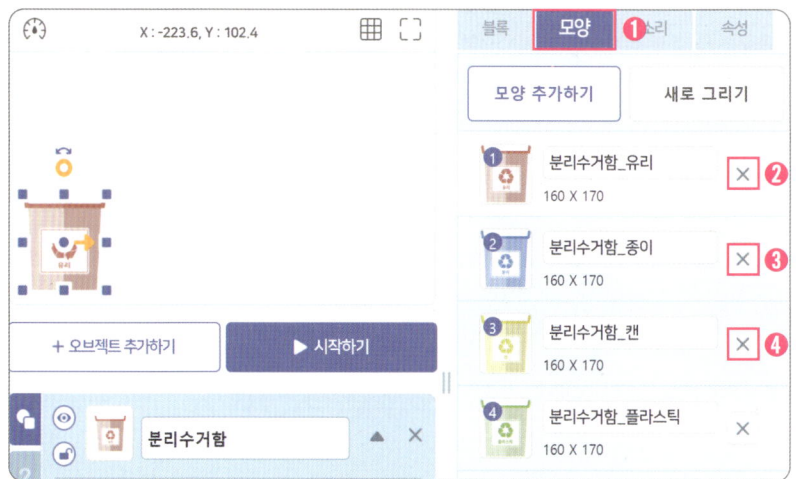

**04** '분리수거함_플라스틱' 모양의 그림판에서 플라스틱이라 적혀있는 것을 지우개로 지워요. 지우개의 굵기를 작게 하면 지우고 싶은 부분을 쉽게 지울 수 있어요.

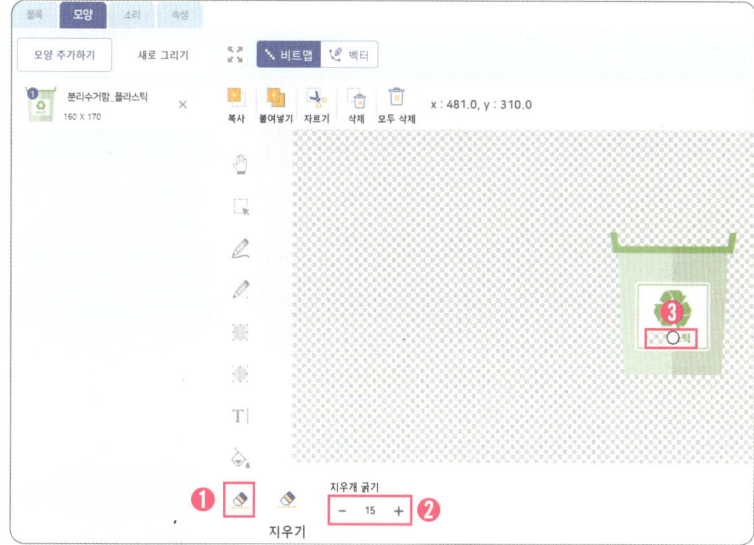

**05** 글자가 지워진 부분에 채우기 색깔을 흰색으로 채워줘요.

**06** 글상자를 선택하고 윤곽선 색상과 채우기 색상을 파란색으로 정한 뒤 페트병이라고 적어요. 글꼴의 크기를 15, 글꼴 스타일 등도 원하는 값으로 정해요. 모양의 이름도 '분리수거함_페트병'으로 바꾸고 저장해요.

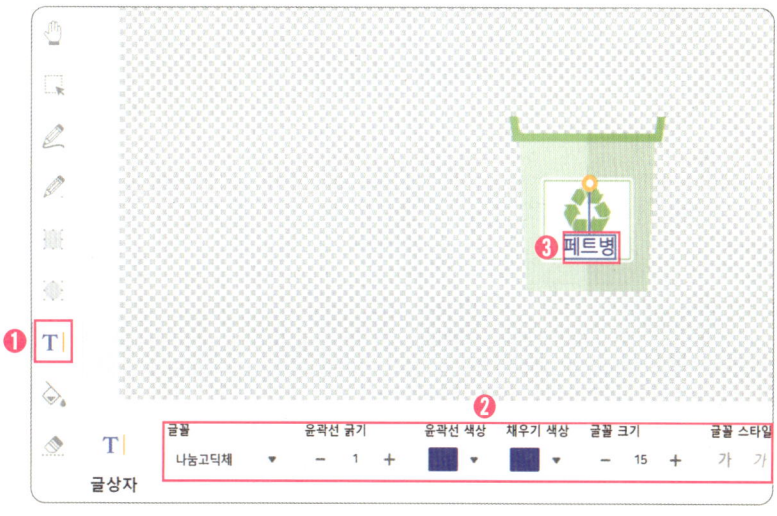

# 코드위즈와 AI

07 이번에는 오브젝트 추가하기에서 '글상자'를 선택해요.

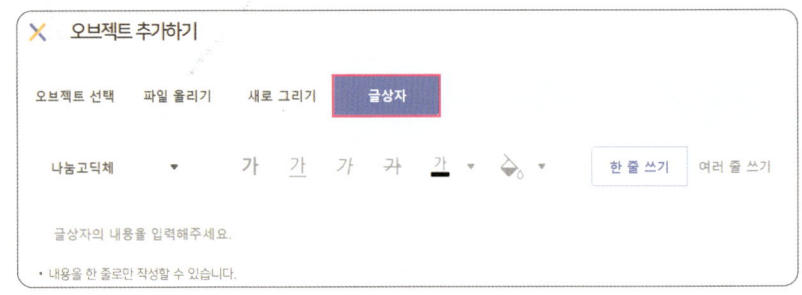

08 글상자에 '지구 환경을 지켜줘!'를 입력하고 글꼴은 '산돌 초록우산 어린이'로 정해요. 글자색은 초록색, 배경색은 채우기 없음으로 선택해요.

09 다시 오브젝트 추가하기를 누르고 '새싹'으로 검색한 후 '새싹(3)' 오브젝트를 추가해요.

10 추가한 '새싹(3)' 오브젝트를 오브젝트 목록에서 마우스 오른쪽 버튼을 눌러 복제해요. 복제한 새싹을 옆에다 배치해요.

**11** 오른쪽 그림처럼 전체 오브젝트를 배치해요.

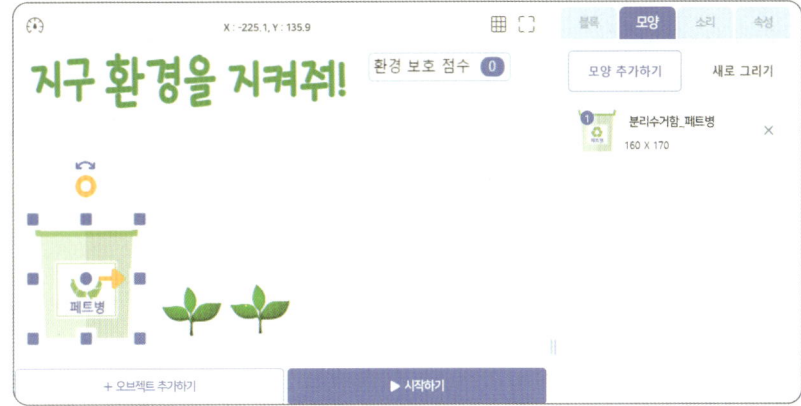

## 페트병을 학습해서 분리 배출하는 장치 만들기

**01** '글상자' 오브젝트를 선택한 상태에서 필요한 인공지능 블록을 추가해요.

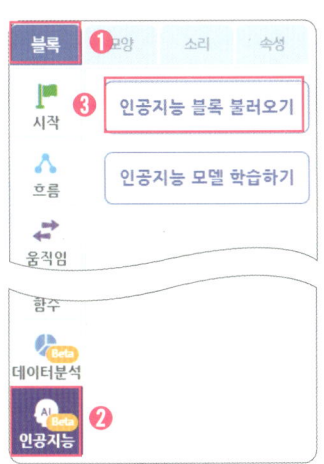
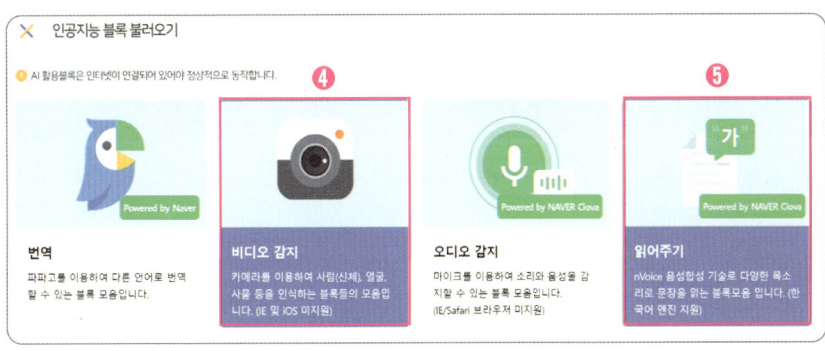

**02** '인공지능 모델 학습하기'를 선택한 뒤 '분류 : 이미지'를 클릭해요.

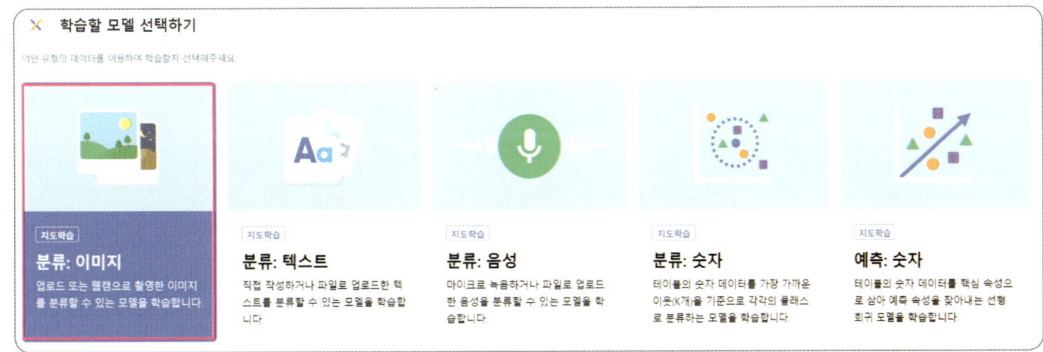

# 코드위즈와 AI

**03** 모델의 이름을 '페트병 분리 배출'로 입력해요.

여기에 '분리 배출 가능'을 입력하고 라벨이 제거된 페트병 이미지 데이터를 입력해요.

카메라로 촬영하여 데이터를 입력하거나 미리 저장해 둔 이미지 파일을 업로드할 수 있어요.

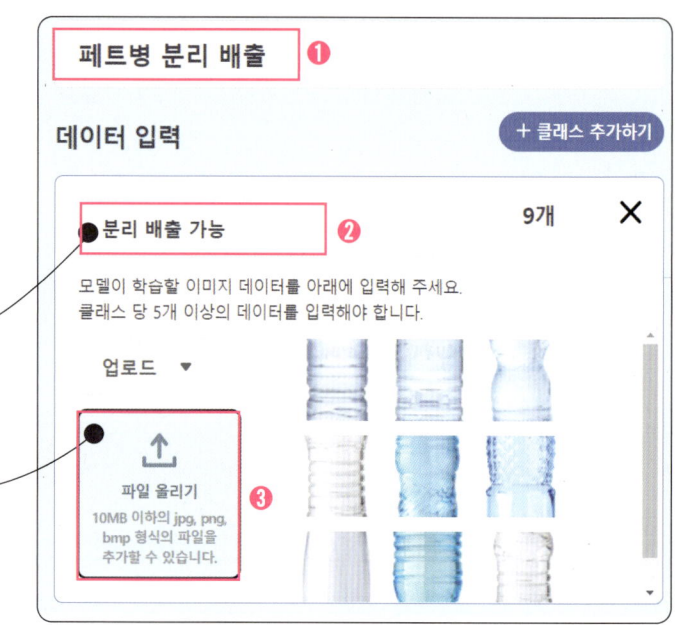

**04** 클래스2에 '분리 배출 불가능'이라고 입력하고 라벨이 제거되지 않은 페트병 이미지 데이터를 입력해요.

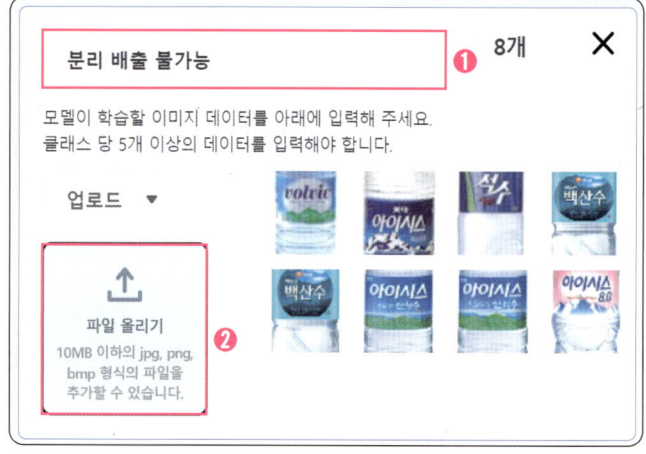

**05** 데이터 입력을 완료했다면 학습의 [모델 학습하기] 버튼을 클릭해요.

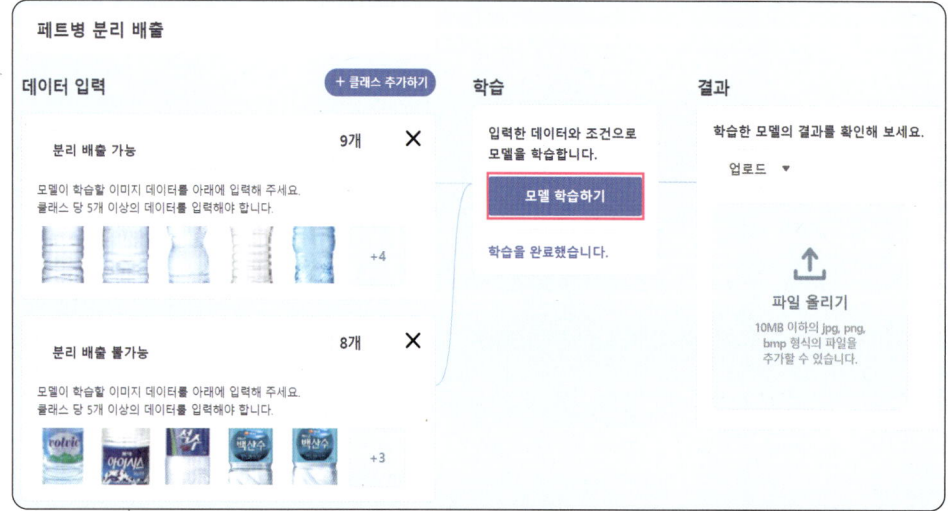

**06** 결과에서 페트병을 촬영해 어떤 결과가 나오는지 확인해요.

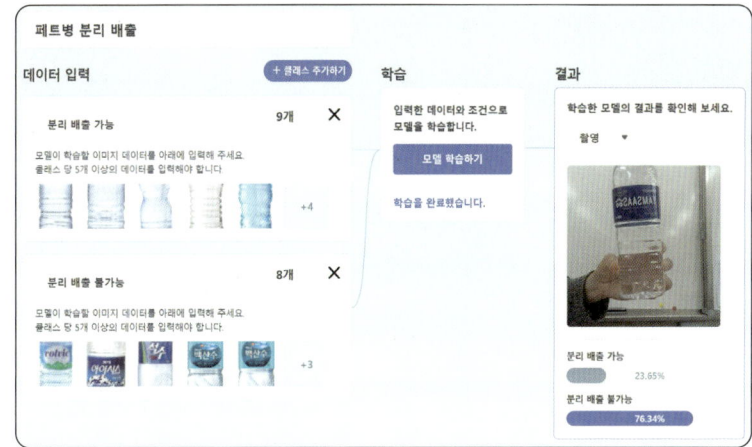

**07** 속성 창에서 '새싹 없어지기'와 '새싹 자라기' 신호를 추가하고 '환경 보호 점수'라는 변수를 만들어요.

**08** '분리수거함' 오브젝트를 선택한 상태에서 코드를 작성해요.

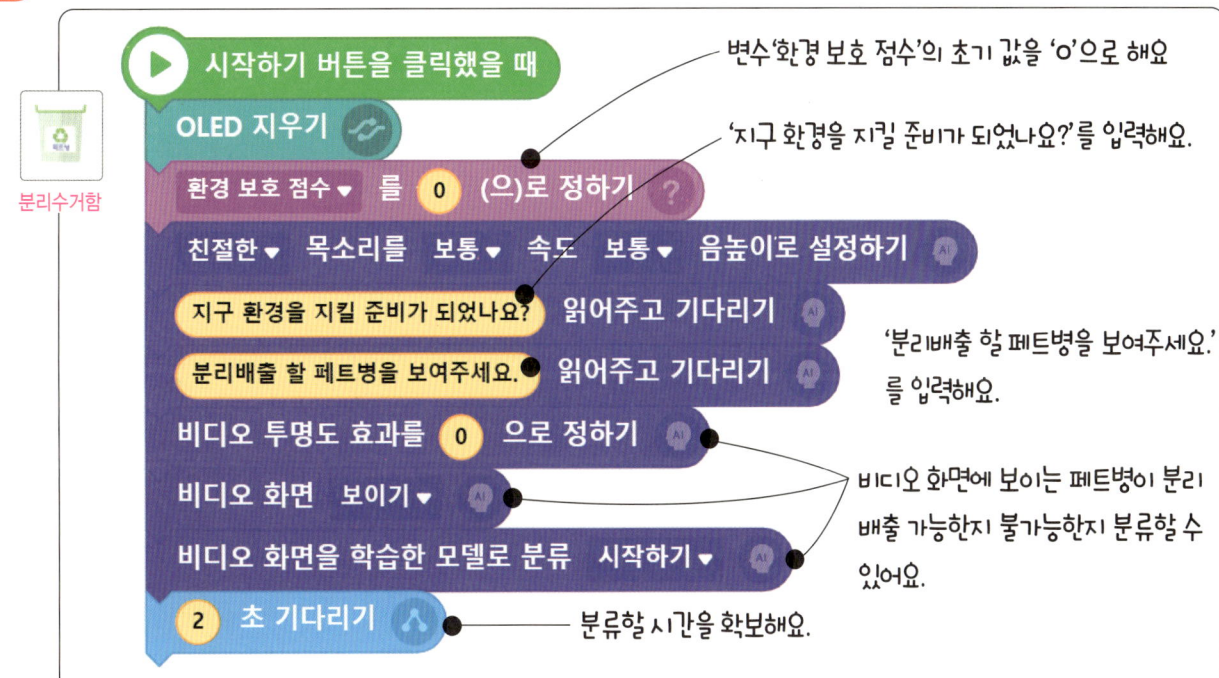

# 코드위즈와 AI

**09** 계속해서 비디오 화면에 표시된 페트병의 분류 결과에 따라 점수를 더하거나 빼고 '새싹 자라기'와 '새싹 없어지기' 신호로 보내도록 코드를 추가해요.

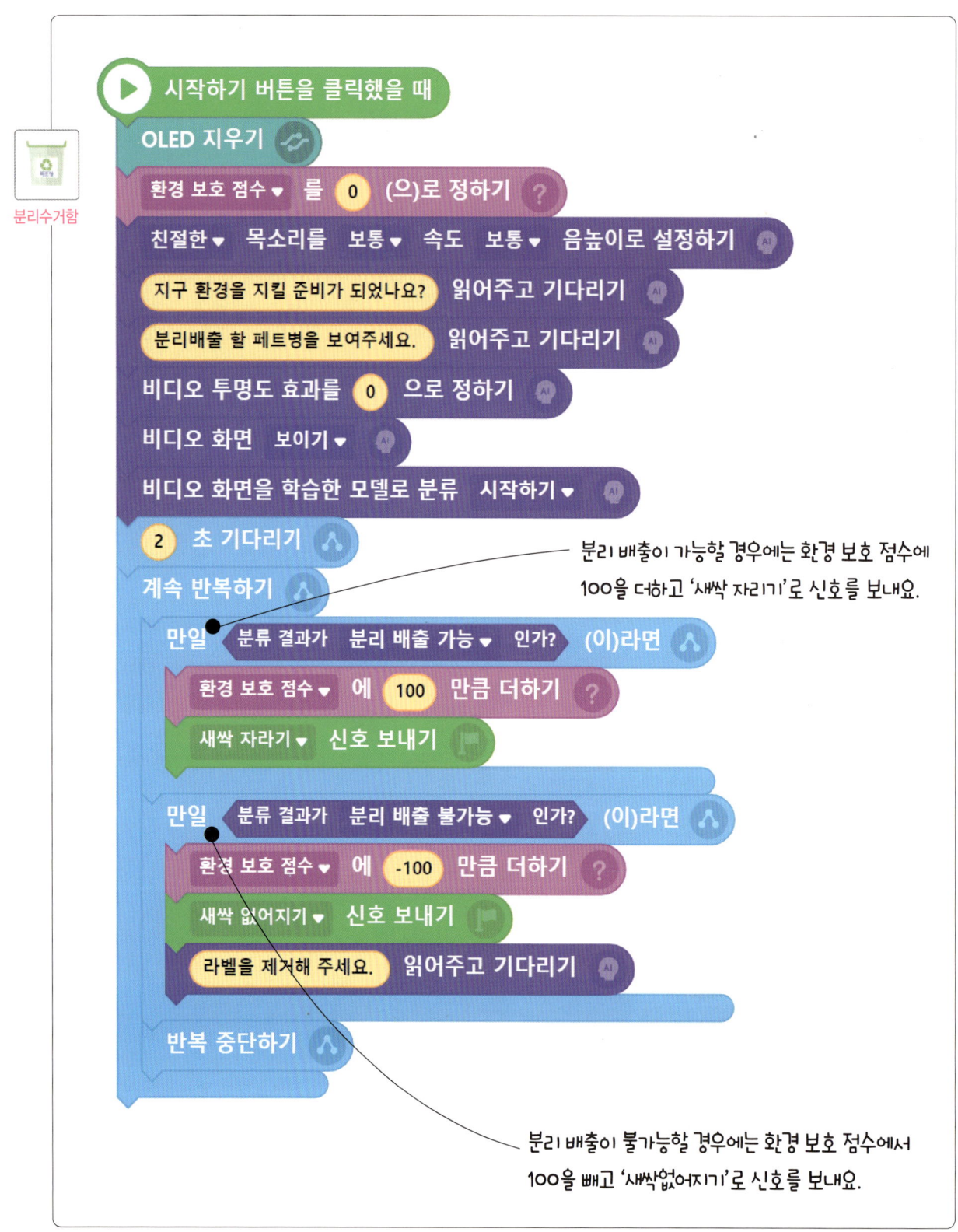

**10** '새싹 자라기' 신호를 받았을 때 OLED에 사각형 두 개로 건전지 모양과 함께 음표가 출력되도록 코드를 추가해요

**11** '새싹 없어지기' 신호를 받았을 때 OLED에 사각형과 선 그리기 블록을 이용해 건전지의 내용물이 없는 것처럼 출력되도록 코드를 추가해요

**12** '분리수거함' 오브젝트가 선택된 상태에서 네오픽셀의 빛과 관련된 코드를 추가해요.

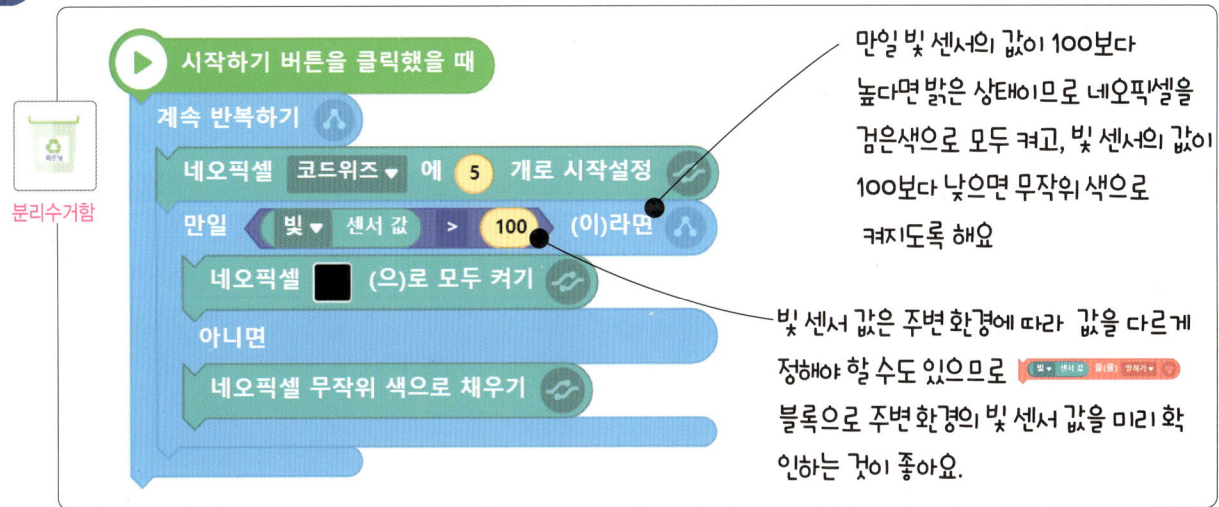

만일 빛 센서의 값이 100보다 높다면 밝은 상태이므로 네오픽셀을 검은색으로 모두 켜고, 빛 센서의 값이 100보다 낮으면 무작위 색으로 켜지도록 해요

빛 센서 값은 주변 환경에 따라 값을 다르게 정해야 할 수도 있으므로 블록으로 주변환경의 빛 센서 값을 미리 확인하는 것이 좋아요.

# 코드위즈와 AI

**13** 이번에는 '새싹(3)'과 '새싹(3)1' 오브젝트에 다음과 같이 똑같은 코드를 작성해요.

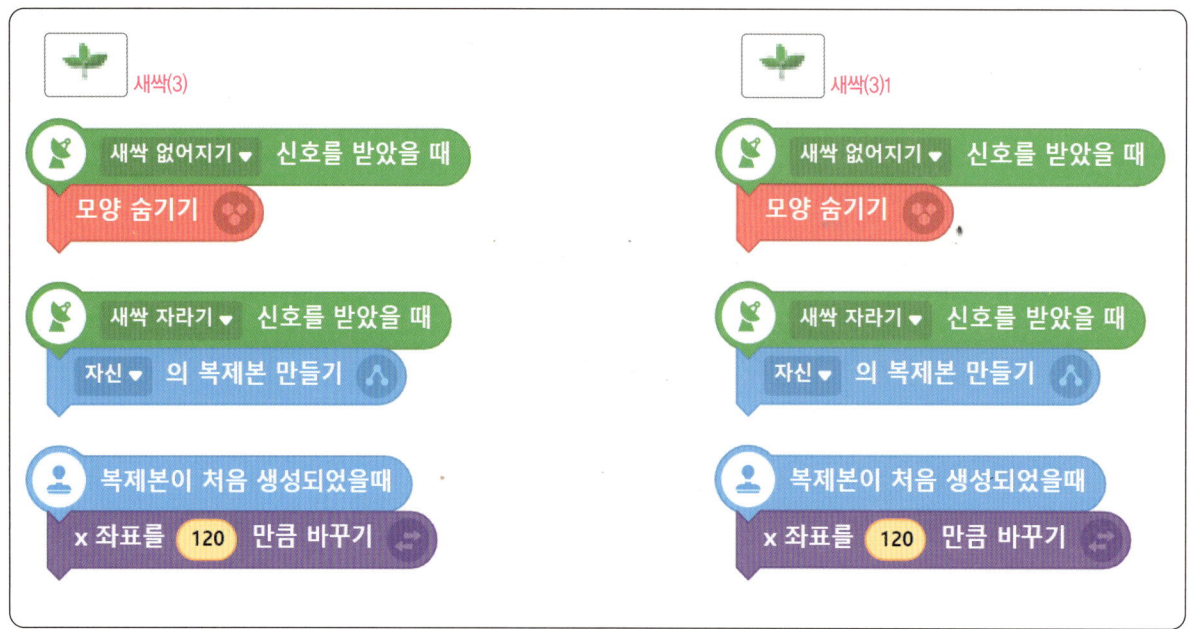

**14** 프로그램을 실행하면 카메라를 향해 촬영할 준비를 해요. 여러 가지 페트병을 준비하면 분리 배출이 가능한지 불가능한지 확인할 수 있어요.

라벨이 없어 분리 배출이 가능하면 코드위즈 OLED 화면에 라벨 없는 페트병과 음표 모양이 나타나요. 실행 화면에도 점수가 100점 올라가고 새싹이 더 많이 생겼어요.

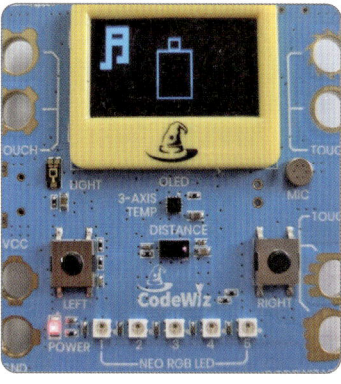

라벨이 있어 분리배출이 불가능하면 코드위즈 OLED 화면에 라벨 있는 페트병과 X 모양이 나타나요. 실행 화면에는 점수가 -100점 내려가고 새싹이 모두 사라졌어요.

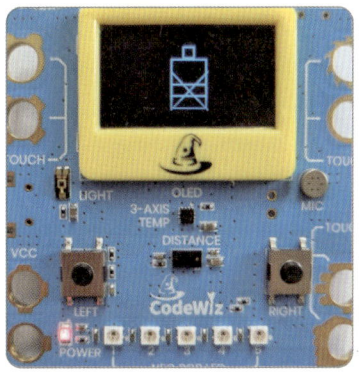 

주변이 어두워지면 네오픽셀이 켜지면서 주변을 환하게 해요.

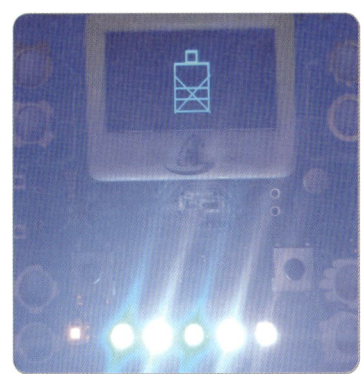 

# 코드위즈와 AI

## 도전하기

반전 모드를 활용해 OLED의 화면에 다르게 표현되도록 해 보세요.

**Mission 01**  아래의 블록을 이용해 OLED 화면의 색깔이 반전되도록 하세요.

OLED 반전 모드 ON▼

**Mission 02**  아래의 블록을 이용해 비움, 채움, 흰색, 검은색 등으로 바꿔가면서 화면에 어떻게 표현되는지 확인해요. 그리고 라벨이 있는 페트병과 없는 페트병을 위에 있는 그림의 예시처럼 표현해요.

106

# 읽을거리

### AI 로봇으로 쓰레기를 분류해!

이미지 출처 : 한겨레신문(https://www.hani.co.kr/arti/society/environment/1029525.html)

코드위즈로 인공지능의 사물인식 기술을 이용해 라벨이 제거된 페트병과 라벨이 제거되지 않은 페트병을 잘 분류하였나요? 실제 우리나라에도 이렇게 쓰레기를 분류해 주는 AI 로봇이 있어요. 바로 닥터 B라는 인공지능 로봇이죠. 이 로봇은 쓰레기의 이미지 데이터를 입력받아 특성을 학습한 뒤 쓰레기의 모양과 색깔을 감지해 분류할 수 있어요. 종이, 비닐, 알루미늄 등 총 58가지 항목으로 분류할 수 있다고 하니 정말 놀랍지요?

아직까지는 빠르게 이동하는 쓰레기의 경우 재빠르게 선별하고, 집어내는 데 어려움이 있어요. 하지만 기술의 발전에 따라 점차 더 많은 양의 쓰레기가 더 빠르게 움직이더라도 쓰레기를 정확하게 분류하는 인공지능 로봇이 될 거예요. 코드위즈를 활용해 라벨 제거 플라스틱을 분류한 프로그램을 만들어 본 것처럼 더 다양한 쓰레기 분류 프로그램을 만들어 보세요.

# 10 화재가 발생했어요!

화재는 사람의 생명은 물론이고 많은 재산의 피해를 일으켜요. 화재가 발생하면 붉은 화염이 일어나요. 붉은 화염이 생겼을 때 화재 발생을 감지해서 화재 진압까지 도와주는 인공지능이 있다

### 무엇을 배울까?

1. 화재 상황과 일반 상황을 학습시켜 화재 상황을 감지하는 프로그램을 만들어 봅니다.
2. 화재가 발생했을 때 터치하면 불을 끄는 코드위즈를 만들어 봅니다.

**준비물**
코드위즈 베이직 키트

# Coding School

면 화재로 인한 피해를 많이 줄일 수 있겠지요? 화재를 감시하고 화재 진압까지 할 수 있는 인공지능 장치를 만들어 보아요.

**Q1** 센서를 활용해 오브젝트를 움직이거나 장치를 제어할 수 있나요?

다음 블록들을 활용하면 센서의 값으로 화재 진압 장치를 가동시킬 수 있습니다. 터치센서의 경우 터치가 되었을 때 참, 터치가 되지 않았을 때 거짓을 출력합니다. 거리 센서의 경우 장애물과의 거리가 가까울수록 0에 가까운 값을 출력합니다.

`터치핀 🐻 (32)▼ 값`

`빛▼ 센서 값`

# 코드위즈와 AI

## 필요한 오브젝트 추가하기

**01** 기본 오브젝트를 삭제하고 [오브젝트 추가하기] 버튼을 눌러요.

**02** 오브젝트 추가하기 페이지의 상단 오른쪽 검색 창에 '소방'을 입력해서 '소방차' 오브젝트를 추가해요.

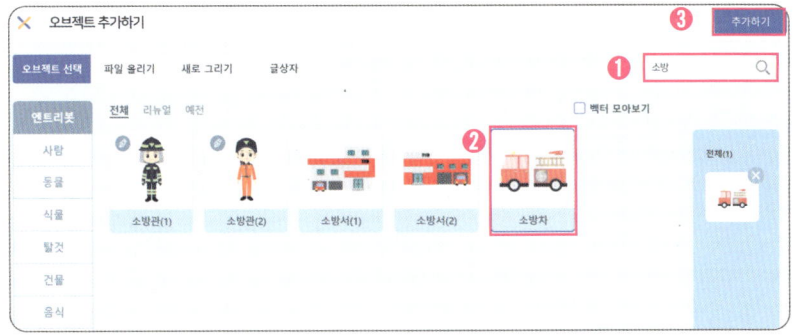

**03** '소방차' 오브젝트를 선택한 상태에서 오브젝트 목록으로 가요. 90으로 되어 있는 이동 방향을 270으로 수정하고, 회전 방향을 ↔ 으로 선택해요.

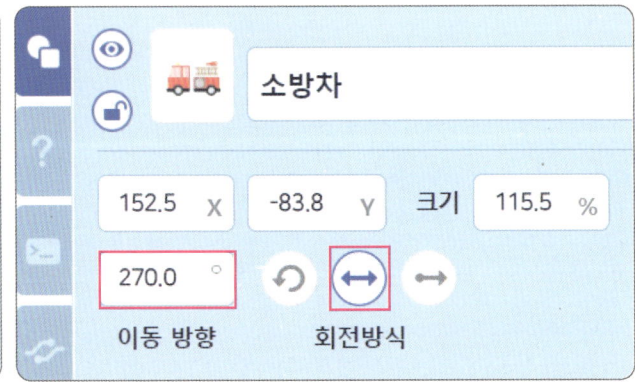

04  이번에는 오브젝트 추가하기에서 '글상자'를 선택해요.

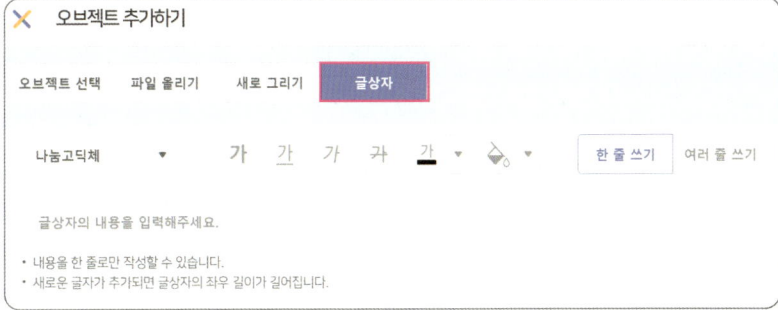

05  글상자에 '화재감지시스템'을 입력하고 글꼴은 '산돌 씨네마극장', 글자색은 검정, 배경색은 채우기 없음으로 선택해요.

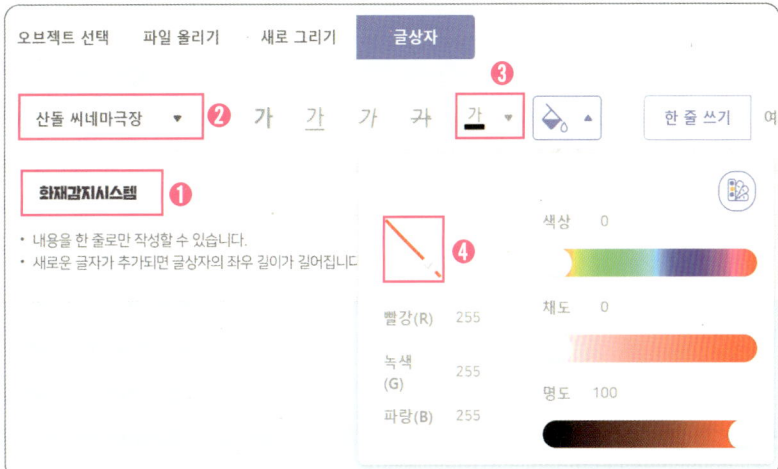

06  오른쪽 그림처럼 전체 오브젝트를 배치해요.

# 코드위즈와 AI

## 화재를 감지하는 장치를 만들어요

**01** 글상자 오브젝트를 선택한 상태에서 필요한 인공지능 블록을 추가해요.

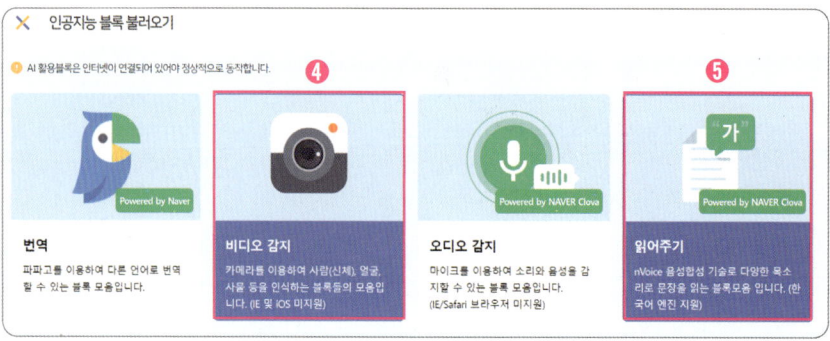

**02** '인공지능 모델 학습하기'를 선택한 뒤 '분류 : 이미지'를 클릭해요.

**03** [화재 감지 시스템] 모델을 생성하고 '화재 상황' 클래스를 만든 후 화재 상황과 관련된 이미지 데이터를 업로드해요.

❶ 화재 감지 시스템을 입력해요.
❷ 화재 상황을 입력해요.
❸ 여기를 클릭하고 화재 상황 이미지 데이터를 업로드해요.

**04** 클래스2에 '일반 상황'이라고 입력하고 화재가 발생하지 않은 일반적인 상황의 이미지 데이터를 입력해요.

❶ 화재 상황을 입력해요.

❷ 여기를 클릭하고 일반 상황 이미지 데이터를 업로드해요.

**05** 데이터 입력을 완료했다면 학습의 [모델 학습하기] 버튼을 클릭해요.

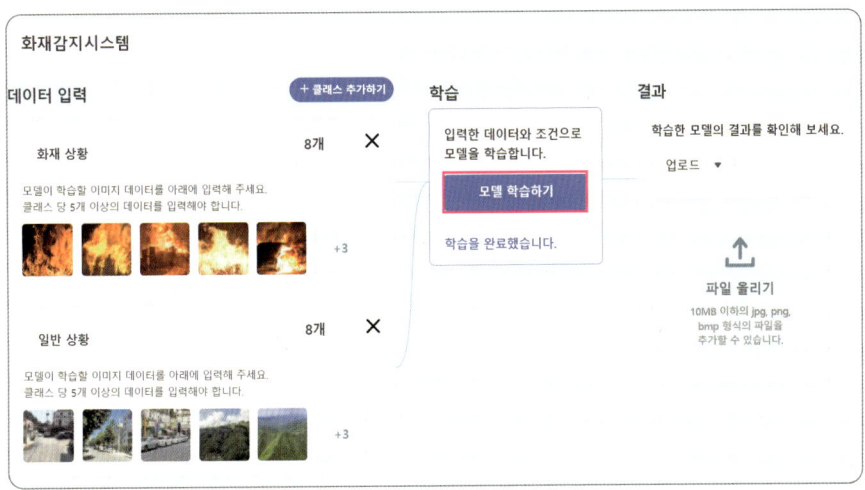

**06** 결과에서 화재 상황 또는 일반 상황 영상이나 이미지를 제시해서 결과를 확인해요.

# 코드위즈와 AI

**07** [속성] 탭에서 '화재발생'과 '화재진압'이라는 신호를 만들어요.

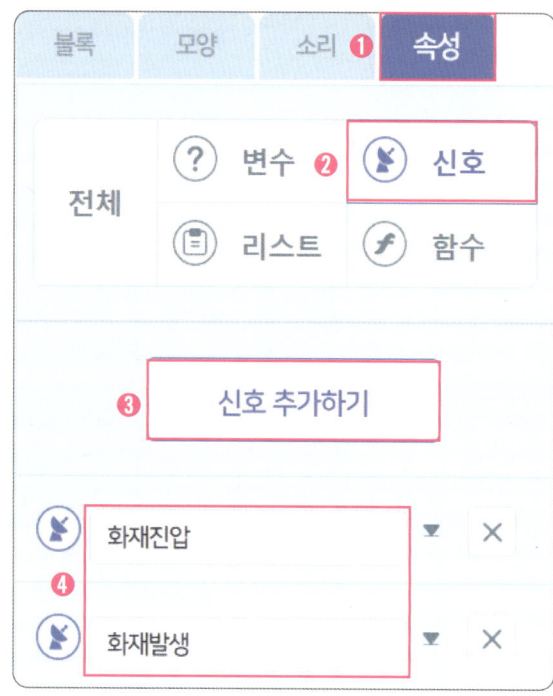

**08** '소방차' 오브젝트를 선택한 상태에서 코드를 작성해요.

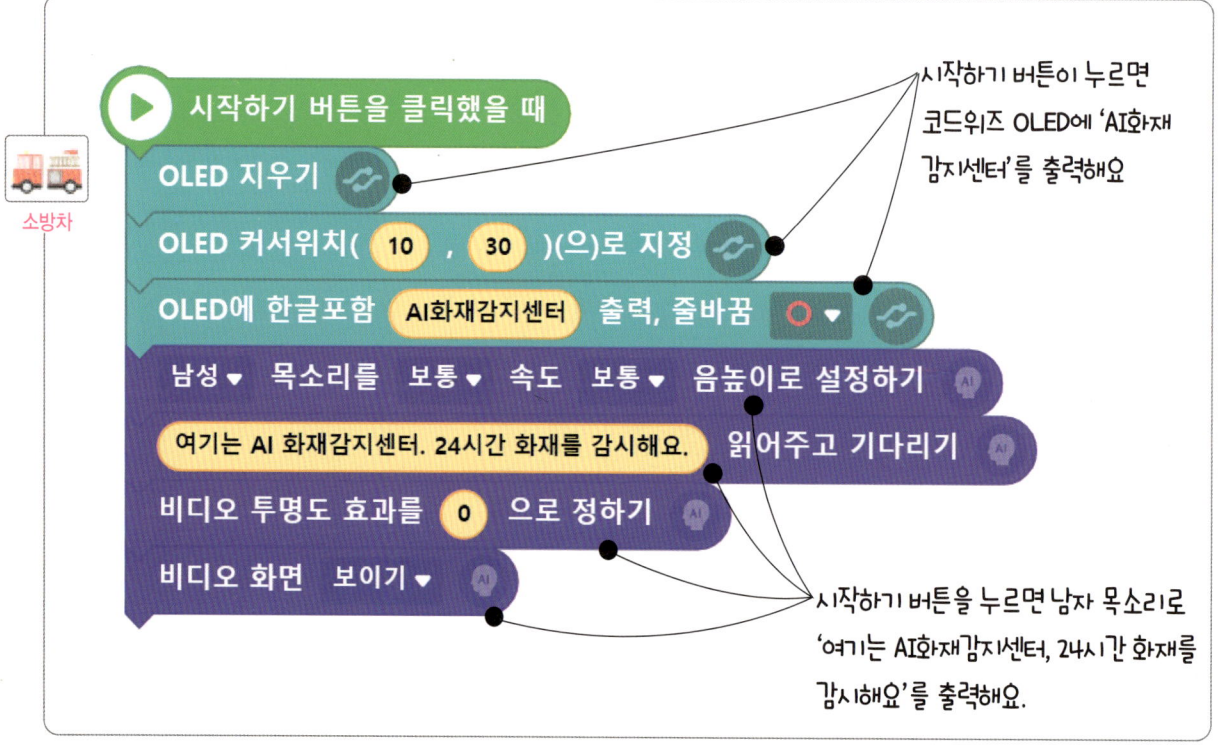

**09** '소방차' 오브젝트에 **08**의 코드 아래에 계속해서 다음과 같이 블록을 추가해요.

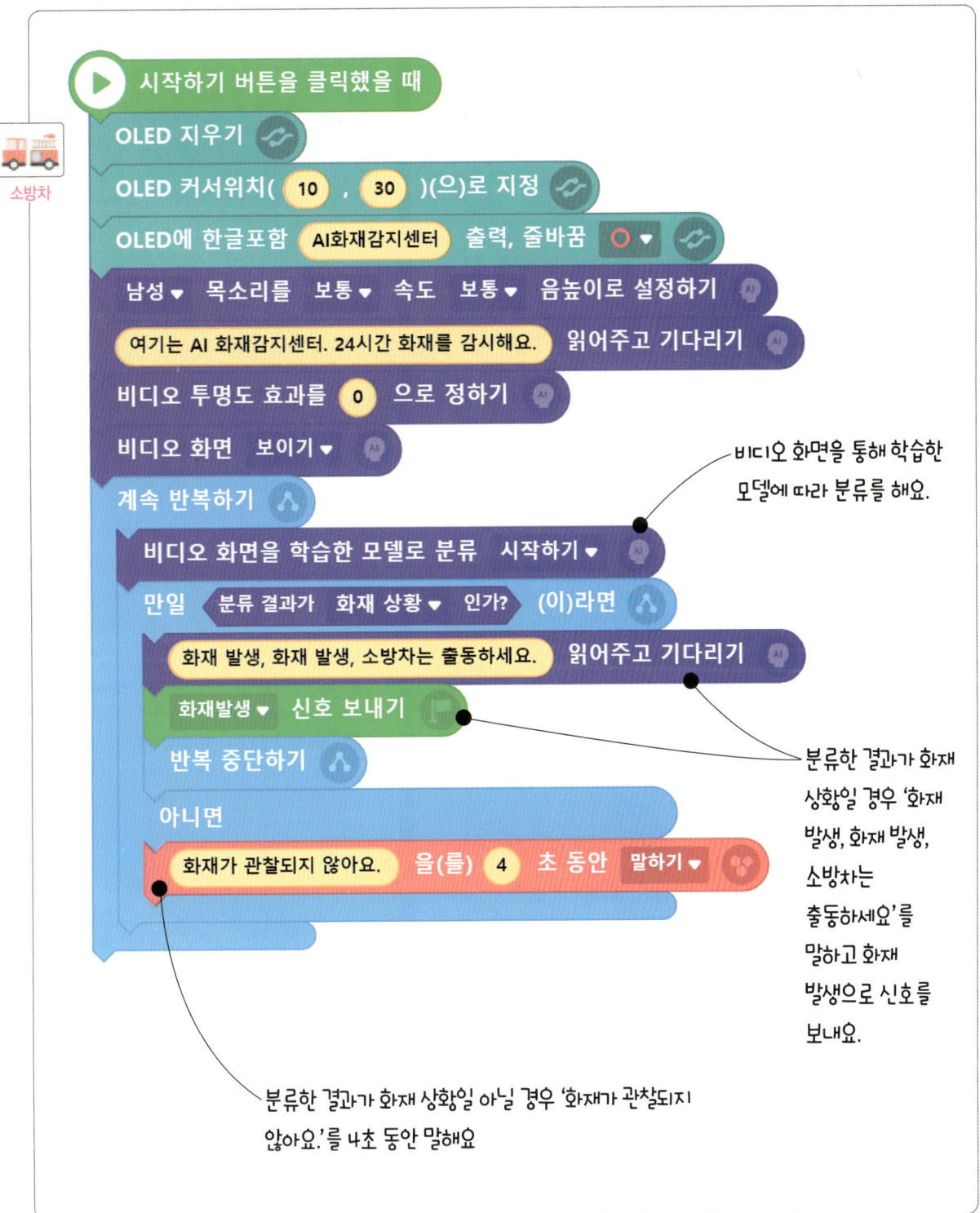

# 코드위즈와 AI

**10** [소리] 탭으로 가서 [소리 추가하기] 버튼을 눌러요.

**11** 상단 검색 창에 '사이렌'을 입력하면 사이렌 소리가 나와요. 선택 후 추가해요.

**12** 계속해서 '소방차' 오브젝트를 선택한 상태에서 코드를 추가해요.

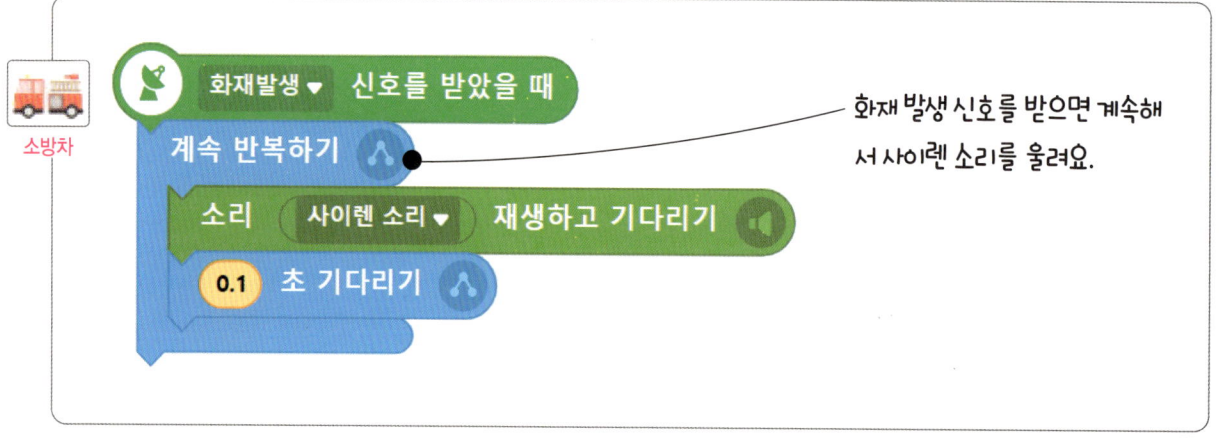

화재 발생 신호를 받으면 계속해서 사이렌 소리를 울려요.

**13** 계속해서 '소방차' 오브젝트를 선택한 상태에서 다음과 같이 코드를 추가해요.

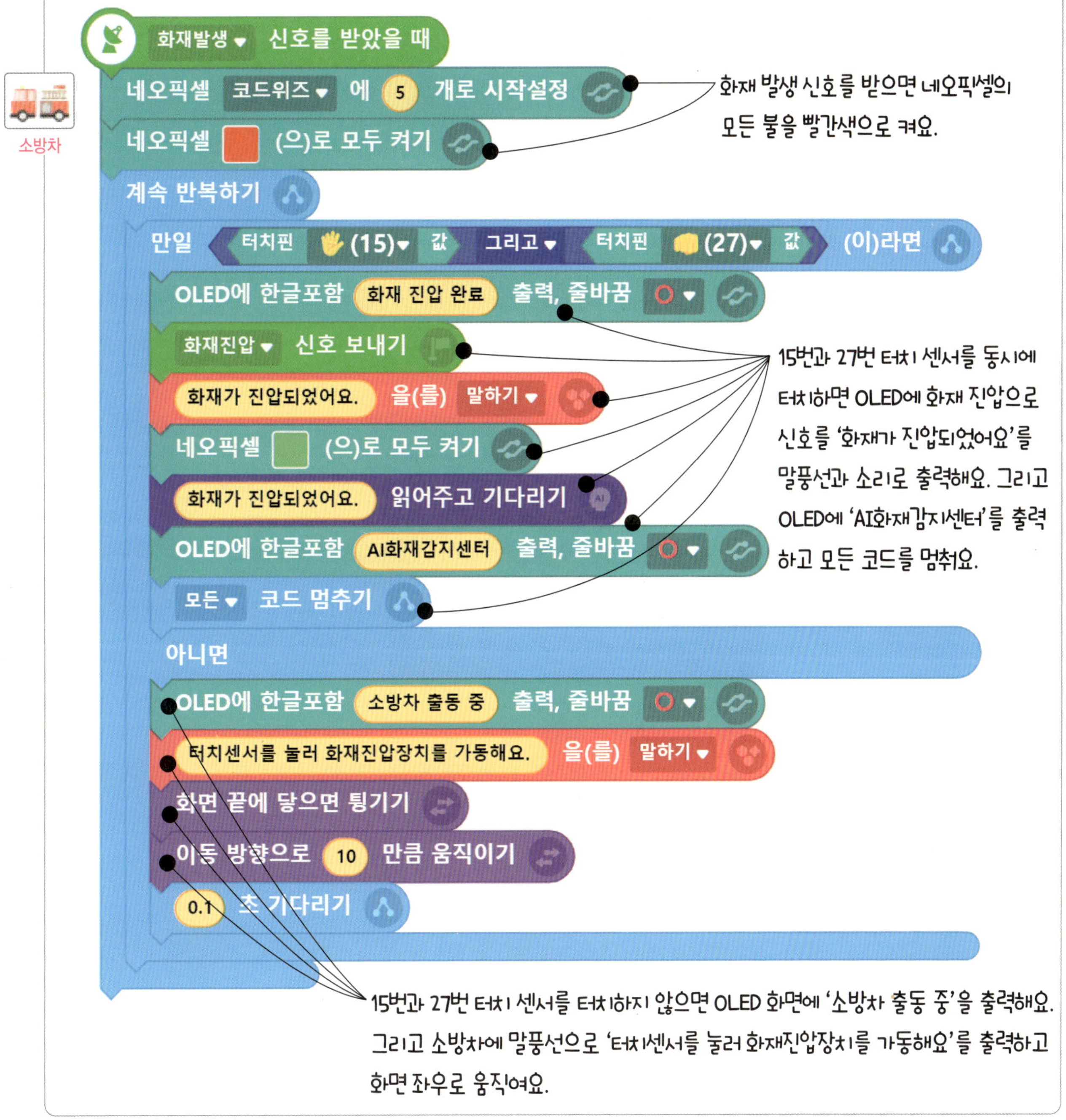

[화재발생▼ 신호를 받았을 때]
　[네오픽셀 코드위즈▼ 에 (5) 개로 시작설정]
　[네오픽셀 🟥 (으)로 모두 켜기]
　[계속 반복하기]
　　[만일 〈터치핀 ✋(15)▼ 값 그리고▼ 터치핀 📙(27)▼ 값〉(이)라면]
　　　[OLED에 한글포함 (화재 진압 완료) 출력, 줄바꿈 O▼]
　　　[화재진압▼ 신호 보내기]
　　　[(화재가 진압되었어요.) 을(를) 말하기▼]
　　　[네오픽셀 🟩 (으)로 모두 켜기]
　　　[(화재가 진압되었어요.) 읽어주고 기다리기]
　　　[OLED에 한글포함 (AI화재감지센터) 출력, 줄바꿈 O▼]
　　　[모든▼ 코드 멈추기]
　　[아니면]
　　　[OLED에 한글포함 (소방차 출동 중) 출력, 줄바꿈 O▼]
　　　[(터치센서를 눌러 화재진압장치를 가동해요.) 을(를) 말하기▼]
　　　[화면 끝에 닿으면 튕기기]
　　　[이동 방향으로 (10) 만큼 움직이기]
　　　[(0.1) 초 기다리기]

→ 화재 발생 신호를 받으면 네오픽셀의 모든 불을 빨간색으로 켜요.

→ 15번과 27번 터치 센서를 동시에 터치하면 OLED에 화재 진압으로 신호를 '화재가 진압되었어요'를 말풍선과 소리로 출력해요. 그리고 OLED에 'AI화재감지센터'를 출력하고 모든 코드를 멈춰요.

→ 15번과 27번 터치 센서를 터치하지 않으면 OLED 화면에 '소방차 출동 중'을 출력해요. 그리고 소방차에 말풍선으로 '터치센서를 눌러 화재진압장치를 가동해요'를 출력하고 화면 좌우로 움직여요.

**14** 화재가 진압되었을 때 소리는 즉각적으로 끄기 위해 시작의 [(화재진압) 신호를 받았을 때] 블록을 가져오고, 아래에 소리의 [모든 소리 멈추기] 블록을 연결해요.

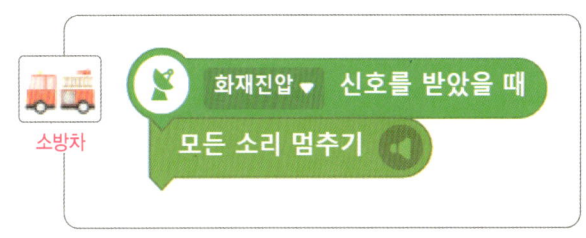

# 코드위즈와 AI

**15** 프로그램을 실행하면 화재감지시스템이 작동하고 있음을 알려요. 일상적인 상황을 보여주면 화재가 관찰되지 않는다고 말하고 있어요.

OLED 화면에 AI화재감지센터 글자가 나오고 비디오 화면에 화재 상황을 보여줘요.

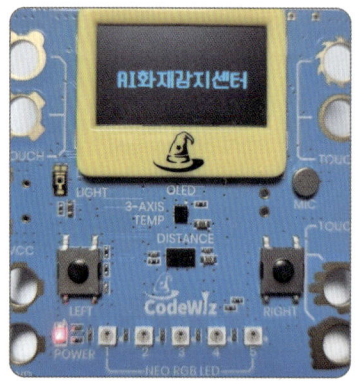

OLED 화면에 '소방차 출동 중' 메시지가 나타나면서 소방차가 출동해요. 15번과 27번 터치센서를 눌러 화재를 진압하라고 알려줘요.

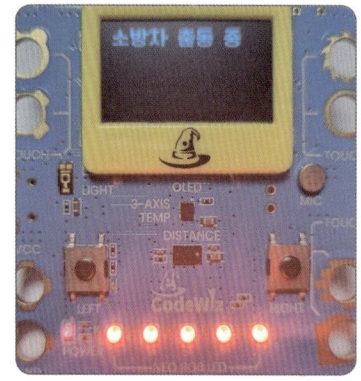

15번과 27번 터치센서를 동시에 누르면 화재가 진압되면서 OLED 화면에는 '화재 진압 완료' 메시지가 떠요. 화면에서도 화재가 진압되었음을 알려요.

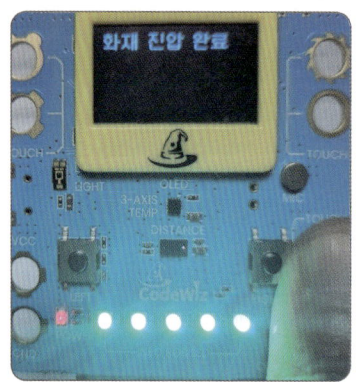

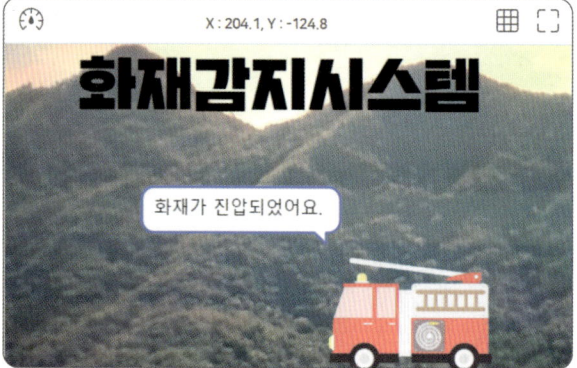

# 도전하기

거리센서를 활용해 화재진압장치가 가동되도록 해 보세요.

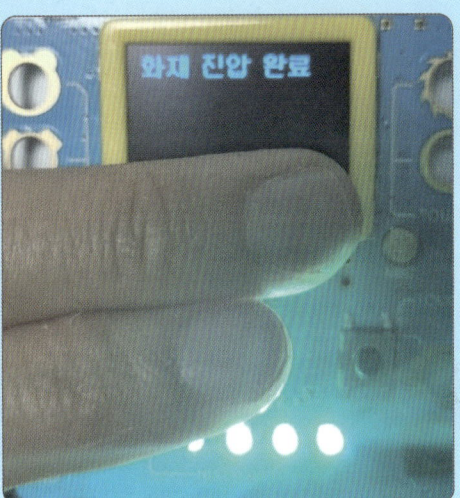

**Mission 01** 아래의 블록을 이용해 거리 센서 값이 50보다 낮을 때 화재진압장치가 가동되도록 해요.

**Mission 02** 아래의 블록을 이용해 거리 센서 변수를 만들고, 코드위즈의 거리 센서 값이 화면에 보이도록 해요.

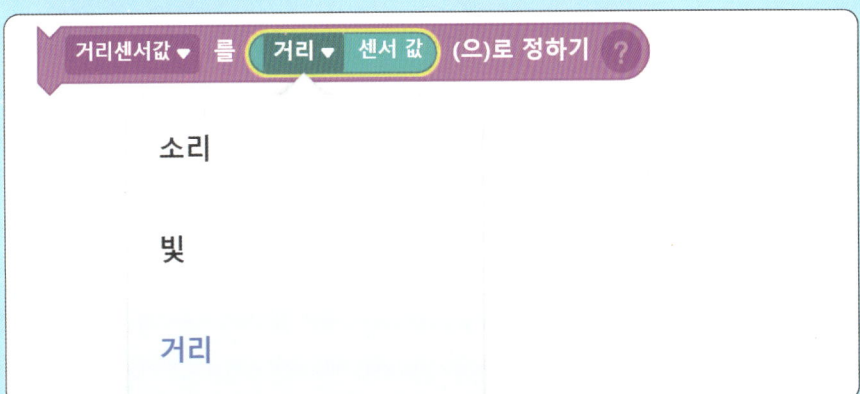

# Coding School
# 코드위즈 AI 프로그래밍

2022년 11월 30일 초판 1쇄 인쇄
2022년 12월 10일 초판 1쇄 발행

펴낸곳 | (주)교학사
펴낸이 | 양진오
지은이 | 홍지연
주　소 | 서울특별시 금천구 가산디지털1로 42 (공장)
　　　　서울특별시 마포구 마포대로14길 4 (사무소)
전　화 | 02-707-5310
팩　스 | 02-707-5359
등　록 | 1962년 6월 26일 제 18-7호
블로그 | https://blog.naver.com/itkyohak

Copyright©2022 By 교학사 All rights reserved.
이 책을 무단복사, 복제, 전재하는 것은 저작권법에 저촉됩니다.

· 물류 및 영업본부 ·
전　화 | 02-707-5147
팩　스 | 02-839-2728